金融集聚、科技创新与城市经济发展

沈沁 | 著

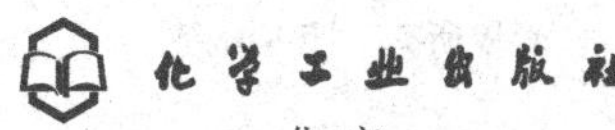

·北京·

内容简介

本书结合中国城市系统的内在规律和社会经济发展现实，对以金融集聚和科技创新推动中国城市实现长期经济发展的可能路线进行探索，针对不同类型的城市提出差异化的发展策略。

本书包括以下三个方面的研究。第一，从城市系统整体出发，以系统理论中的幂律分布理论为基础，对城市规模分布的生成机制和内在规律进行描述，并进行实证分析。第二，对城市科技创新与经济发展之间的关系、金融集聚与经济发展之间的关系进行实证分析。第三，对城市金融集聚与科技创新之间的关系进行实证分析。

本书可供城市与区域经济、金融发展、经济增长等领域的研究者参考阅读，也可为城市发展与规划、金融监管和科技发展等部门的政策制定者提供参考。

图书在版编目（CIP）数据

金融集聚、科技创新与城市经济发展/沈沁著．—北京：化学工业出版社，2024.4

ISBN 978-7-122-44840-8

Ⅰ.①金… Ⅱ.①沈… Ⅲ.①科学技术-金融-研究-中国 Ⅳ.①F832

中国国家版本馆CIP数据核字（2024）第048776号

责任编辑：李彦玲　　装帧设计：王晓宇
责任校对：宋　夏

出版发行：化学工业出版社
（北京市东城区青年湖南街13号　邮政编码100011）
印　　装：北京盛通数码印刷有限公司
787mm×1092mm　1/16　印张$9^3/_4$　字数184千字
2024年5月北京第1版第1次印刷

购书咨询：010-64518888　　售后服务：010-64518899
网　　址：http://www.cip.com.cn
凡购买本书，如有缺损质量问题，本社销售中心负责调换。

定　　价：58.00元

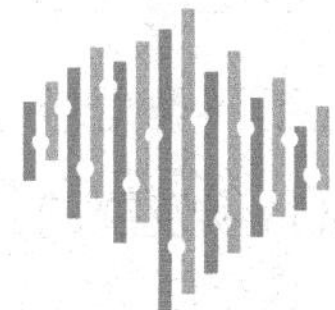

前言

随着我国迈入全面贯彻新发展理念，加快构建新发展格局、着力推动高质量发展的历史阶段，城市已经成为中国经济发展的最主要贡献者。认识和了解我国城市的发展特点、状况和规律，探索推动城市经济发展的新方式对于促进高质量发展具有重要意义。一方面，随着经济发展阶段的提升，我国的技术水平不断趋近全球技术前沿，未来的经济发展需要更多依靠自主创新进行驱动，而城市对于促进创新具有独特的优势。另一方面，金融发展与实体经济发展紧密相关，金融资源的空间集聚现象在金融发展的过程中日益凸显。在上述背景下，我国有众多城市提出建设创新型城市和金融中心城市的设想，本书的主旨是对通过金融集聚和科技创新推动城市实现长期经济发展的可能路线进行探索。

本书的研究将城市经济发展、科技创新和金融集聚三个维度进行整合，其中，城市是经济发展的主要引擎，科技创新是经济发展的根本推动力，金融应当为科技创新和经济发展提供服务和助力。值得注意的是，城市具有多方面属性，既是经济发展的贡献者，又是人和产业的集聚地，也是由行政边界所划定的区域，对城市经济发展的分析需要以对城市特征和规律的理解为基础。同时，中国城市的形成和发展一直受到政策性因素的强烈影响，这使得中国的城市体系在世界范围内独具特色，对中国城市的分析需要在充分理解其独特性的基础上展开。考虑到中国城市这一对象的复杂性，本书对上述三个维度的联合分析是基于多学科交叉视角而展开的，内容除了涵盖经济发展、科技创新和金融集聚之外，还涉及城市经济学、行政学和统计学等多个领域。

本书主要进行三个方面的研究与论述。第一，分析城市系统的内在规律及其形成机制，在此基础上考察中国城市人口和经济的规模分布特征与演变，并分析其背后的影响因素。第二，分析金融集聚和科技创新对中国城市经济发展的影响机制和影响效果，在这一过程中对经典理论在中国的适用性进行探讨，并关注不同类型城市之间存在的差异。第三，对以金融集聚和科技创新推动中国城市经济持续发展的可行路线进行探讨，针对不同类型的城市提出差异化发展策略。

本书进一步确认了我国坚持走自主创新高质量发展之路的正确性，同时主张尊重城市系统的内在规律和城市之间客观存在的差异，不同类型的城市应当实施差异化的发展策略、避免盲目的政策竞争。本书同时关注到，当前中国城市的金融资源体量已经较为充足，应当注重提高金融资源利用效率，尤其是信贷市场效率，促进金融更高效地服务于科技创新与实体经济发展。

衷心感谢在研究过程中提供意见与帮助的前辈和同仁，特别是香港科技大学谢丹阳教授和中国人民大学江艇副教授的宝贵建议。同时感谢湖北工业大学博士科研启动基金项目（BSQD2020081）和湖北工业大学经济与管理学院工商管理学科申博项目的资助。

沈沁

2023年11月于武汉

目录

1 绪论

001—010

2 理论与文献评述

011—050

科技创新与金融集聚对城市经济发展的影响

073—102

5

城市金融集聚对科技创新的影响

103—120

结论与展望

121—134

参考文献

1 绪论

1.1 城市经济发展过程中的重要现象

改革开放以来，中国经济发展过程中最引人注目的现象之一是城市体系建设的不断推进和完善。20世纪80年代初期，为了更早更快地引入市场机制，打破城乡二元经济结构，中央政府积极推行撤地设市和地市合并，设立了数量众多的地级市。从1983年至2003年，全国地级市数量增加170座，年几何平均增长率达到4.5%；从2004年至2020年，全国新增地级市11座。目前，全国总共有297座地级及以上城市[1]。地级市数量的迅速增加有效地推动了城市及城市体系建设，也使城市在经济建设中发挥着越来越重要的作用。截至2022年，中国的城镇化率已超过65%，城市经济总量占全国经济总量的比例超过80%，城市已经成为我国经济发展的最重要贡献者。在上述背景下，认识和了解城市的发展状况和发展规律，寻求推动城市经济发展的新方式对于我国未来的经济建设具有重要意义，这也是本书选题的宏观背景。

城市是人口和产业的集聚地。从生产者的角度来看，城市规模扩张能够提高生产效率、降低生产成本，即产生外部经济效应。通过集中于特定区域，生产者可以共享信息、中间投入品和基础设施，更便捷地与其他生产者进行沟通协作。城市中的人口集聚意味着更大规模的消费市场和劳动力市场，前者能够推动企业扩大生产从而实现规模经济，后者则为城市提供不同类型和具有不同专业技能的劳动者，从而使劳动力市场的匹配更高效，这将进一步吸引企业和人口进入城市。然而上述模式对城市经济发展的推动作用从长期来看是不可持续的，这是因为资本与劳动力这两种生产要素具有递减的边际收益，而城市规模的持续扩张会造成生活成本过高、基础设施供给不足、拥堵、住房紧张、环境污染、身心健康受损和犯罪率上升等问题，从而使城市逐渐失去由集聚效应带来的优势。因此对于城市而言，需要探索能够实现长期经济发展的新方法，而这也将有助于整体经济实现长期发展。

对于以何种方式实现城市长期经济发展这一问题，可以通过回顾经济理论、观察经济现象及其发展趋势，借鉴他国经验并结合我国实际情况来探寻可能存在的路径。基于这一思路，本书注意到与城市经济发展密切相关的四个现象。

---

[1] 为了便于表述，后文所称的“地级市”包括地级及以上城市。

现象一：经济发展依靠创新驱动，创新主要发生在城市

在改革开放后的四十多年间，我国经济发展主要依靠生产要素的投入进行驱动。由于资本要素和劳动力要素具有递减的边际收益，最终会使人均产出水平趋于稳定[1]，因此长期中的经济产出增长需要依靠技术进步来推动（Solow，1956）。在经济全球化不断深入以及我国持续扩大对外开放的背景下，我国的生产力水平逐渐接近全球技术前沿（global technology frontier），继续通过学习和采用他国先进技术所能够带来的技术进步空间将更加有限，因此在未来，我国的技术进步将更多依靠自主创新来实现。

众多观察和研究显示，城市是最重要的创新发源地（Florida，2017）。城市对于推动创新具有其独特的优势，这些优势主要体现为以下三点：① 城市基础设施使知识的传播与获取效率大大提高，从而促进人力资本积累（Glaeser and Resseger，2010），这为创新活动的开展提供了坚实基础。② 人口在城市中的集聚使人际交流更为便利，为人们提供了进行思想碰撞从而创造新知识的契机。③ 城市是产业的集聚地，这为新产品和新技术的研发、测试、制造和推广提供了动机与条件。

从2008年至今，我国已有 78座城市成为国家级创新型试点城市，这些城市希望增强自主创新能力，通过创新促进经济结构升级，实现城市经济的高质量发展。

现象二：金融产业表现出高度城市化和中心化的集聚倾向

金融行业的产生和发展与实体经济发展密切相关。大量的理论与实证研究表明，金融发展能够通过促进资本积累、优化资源配置和优化信贷等途径推动经济发展（Goldsmith，1969；King and Levine，1993；Levine，2004）。在金融发展进程不断推进的过程中，一个新的趋势逐渐呈现，这就是金融集聚（financial agglomeration或financial clustering）。金融集聚是金融产业以及金融资源集中于特定区域或空间的现象。随着经济全球化的不断发展和深化，金融资本在国际的流动以及跨国金融活动更加频繁，而金融业务的发展也进一步表现出专业化、市场化和国际化的特征。在这一背景下，伦敦、纽约、中国香港、东京和新加坡等城市已经发展成为重要的国际金融中心，而中国的上海、深圳和北京等城市的影响力也日益

---

[1] 即达到索洛模型的稳态（steady state）。

增加。

截至2017年底，我国已有33座城市以地方政府文件形式明确地提出建设国际级、国家级或区域金融中心城市。这些城市希望以建设金融中心的方式提升城市金融资源体量、为城市经济发展提供金融方面的支持，并以此吸引其他生产要素的流入。

现象三：一些具有影响力的城市既是金融中心也是创新型城市

英国智囊机构Z/Yen集团与中国（深圳）综合开发研究院（China Development Institute）联合发布的“全球金融中心指数”（Global Financial Centres Index，简称GFCI）是全球金融中心的主要评价参考之一，该指数首次发布于2007年。2023年3月，全球金融中心指数第33期发布，在这一期的全球金融中心指数排名中，位列第一的城市是纽约，伦敦和新加坡紧随其后，排名进入前十五位的城市还有香港、旧金山、洛杉矶、上海、芝加哥、波士顿、首尔、华盛顿特区、深圳、北京、巴黎和悉尼。中国有七座城市进入前50位，分别为香港（4位）、上海（7位）、深圳（12位）、北京（13位）、广州（34位）、青岛（36位）和成都（44位）。

澳大利亚智囊机构2thinknow编制了创新型城市指数（Innovation Cities™ Index），该指数从网络化市场、人力基础设施和文化资产三个方面对全球重要城市进行考察、评分和排名。该指数同样首次发布于2007年。2022年度的指数排名显示，全球最具有创新性的城市是东京，伦敦与纽约也位列前三。排进前十五位的城市还有巴黎、新加坡、洛杉矶、波士顿、首尔、旧金山-圣何塞、休斯敦、柏林、芝加哥、斯德哥尔摩、迪拜和多伦多。中国有两座城市进入前50位，分别为北京（28位）和上海（46位）。

表1-1列举了全球金融中心指数排名前50位的城市以及创新型城市指数排名前50位的城市；在两项指数排名中都进入前50位的城市名称以加粗字体标示。尽管排名的计算方式，尤其是指标选择不可避免地具有主观性，但是依然能够在一定程度上反映出真实情况。对比两项城市排名可以观察到：有34座城市同时进入两组排名的前50位，这些城市既是领先的金融中心，也是领先的创新型城市，其中以纽约、伦敦、东京、新加坡、巴黎为代表。纽约和伦敦作为全球最具影响力的金融中心城市，其创新指数排名同样位列前三，而在世界范围内闻名遐迩的科技创新中心“硅谷”的所在地旧金山（旧金山-圣何塞地区）在金融中心指数排名中也位于前列。

表1-1　2022年全球金融中心指数排名和创新型城市指数排名

全球金融中心指数排名		创新型城市指数排名	
城市	排名	城市	排名
纽约	1	东京	1
伦敦	2	伦敦	2
新加坡	3	纽约	3
香港	4	巴黎	4
旧金山	5	新加坡	5
洛杉矶	6	洛杉矶	6
上海	7	波士顿	7
芝加哥	8	首尔	8
波士顿	9	旧金山-圣何塞	9
首尔	10	休斯敦	10
华盛顿特区	11	柏林	11
深圳	12	芝加哥	12
北京	13	斯德哥尔摩	13
巴黎	14	迪拜	14
悉尼	15	多伦多	15
阿姆斯特丹	16	慕尼黑	16
法兰克福	17	维也纳	17
慕尼黑	18	悉尼	18
卢森堡	19	马德里	19
苏黎世	20	阿姆斯特丹	20
东京	21	西雅图	21
迪拜	22	达拉斯-沃特堡	22
日内瓦	23	墨尔本	23
哥本哈根	24	蒙特利尔	24
多伦多	25	亚特兰大	25

续表

全球金融中心指数排名		创新型城市指数排名	
城市	排名	城市	排名
柏林	26	**巴塞罗那**	26
爱丁堡	27	**米兰**	27
墨尔本	28	**北京**	28
明尼阿波利斯	29	**温哥华**	29
亚特兰大	30	**哥本哈根**	30
斯德哥尔摩	31	迈阿密	31
温哥华	32	**华盛顿特区**	32
奥斯陆	33	**费城**	33
广州	34	**奥斯陆**	34
阿布扎比	35	**大阪**	35
青岛	36	**都柏林**	36
釜山	37	**圣地亚哥**	37
大阪	38	布里斯班	38
圣地亚哥	39	**赫尔辛基**	39
马德里	40	**特拉维夫**	40
赫尔辛基	41	**汉堡**	41
蒙特利尔	42	丹佛	42
汉堡	43	波特兰	43
成都	44	奥斯汀	44
格拉斯哥	45	拉斯维加斯	45
卡尔加里	46	**上海**	46
斯图加特	47	底特律	47
都柏林	48	罗马	48
布鲁塞尔	49	**布鲁塞尔**	49
米兰	50	纽瓦克	50

注：在两组排名中都位列前50的城市名以加粗字体标出。

现象四：中国特色的城市管理体系

我国的城市管理体系与其他国家相比独具特色，这主要体现在以下三个方面：第一，在最为广泛的社会语境下，我国的“城市”实际上是指作为行政区划建制的市，而“行政建制”意味着在以城市为对象的研究中需要考虑行政权力和行政区划等级制度可能造成的影响。第二，与西方工业化国家主要由生产力发展和资本所驱动的自下而上的城市化过程不同，我国的城市化是一个主要由中央和地方所掌握的资源和行政权力驱动的自上而下的过程。自20世纪80年代城市管理体系实行“市管县”体制起，我国新设立了众多地级市，并一直实施较为频繁的行政区划调整。第三，在以经济发展为核心的地方政府绩效考核制度下，城市发展表现出“行政区经济”的现象，地方政府为了实现所辖行政区域内的经济发展，相互之间展开对行政区域面积、人口和经济资源的竞争，这常常导致不同区域发展政策趋于同质化，我国众多城市提出建设金融中心和创新型城市在很大程度上也是城市间政策竞争的结果。中国特色的城市管理体系意味着在分析中国经济问题，尤其是区域经济问题时，除了借鉴经济理论与他国经验，还应当结合中国的实际情况。

1.2 本书主要研究问题

自改革开放起，我国政府通过行政区划调整和户籍制度改革等方式，引导大量人口进入城市。随着我国城市化进程的推进以及户籍管理制度的进一步开放，人口在国境内的流动性也进一步增强。当前，中国城市的人口和经济规模由两支重要力量共同决定。第一支力量是经济力量，包括城市的集聚效应和阻塞成本：集聚效应带来的规模经济吸引人口和经济资源进入城市，阻塞成本造成的负外部性促使人口和经济资源离开城市。第二支力量是行政力量：地方政府通过实施各种政策吸引人口和劳动力进入城市，以期通过人口集聚实现经济发展的规模效应。除了对人口和劳动力进行竞争外，地方政府还对经济资源展开长期竞争。为了考察上述两支力量在整体上对城市产生的影响，本书提出第一个研究问题（问题一）：我国城市人口和经济规模分布呈现何种状态，又经历了怎样的变迁？

从章节1.1所述的现象一和现象二可以看出，理论与国际经验表明科技创新与金融在经济发展过程中能够发挥重要作用，而创新活动以及金融行业的发展都表现出在城市集中的趋势。随着我国经济规模的提升和经济结构的改善，经济发展模式正在转变为依靠创新驱动，金融产业在经济发展中的地位也日益凸显。当前，我国中央和地方政府已经充分认识到这一趋势，金融中心城市和创新型城市的建设进程也已广泛铺开，各职能部门、经济主体也在探索最合适的发展道路。在城市已经成为我国经济发展最重要贡献者的背景下，本书提出第二个研究问题（问题二）：对于我国城市而言，科技创新和金融集聚是否能够推动经济发展？

从章节1.1所述的现象一、现象二和现象三可知，城市是最重要的创新发源地和金融资源承载者。目前我国已有78座城市成为国家级创新型试点城市，并且其中的33座同时提出建设国际级、国家级或区域金融中心的构想。通过对世界范围内的金融中心城市和创新城市进行考察可以发现，一些具有重大影响力的城市既是重要的金融中心，也是重要的创新中心，例如伦敦、纽约、旧金山—湾区、东京和新加坡等，并且这一现象并非个例。据此，本书提出第三个研究问题（问题三）：在我国城市内部，科技创新与金融集聚之间的关系如何？

本书以城市为研究对象。与省、区域和国家等更为宏观的研究对象相比，城市具有其独特性。如果将所有城市视为一个系统，那么该系统的重要特征之一在于城市层级结构的存在。城市层级结构可以理解为将城市按照人口或经济规模进行排序，拥有更多人口、更大经济规模的城市处于层级结构的高处，反之则处于层级结构的低处。位于不同层级的城市在经济发展水平和经济发展驱动方式等方面存在差异，大型城市往往拥有更现代化的经济结构、更高的技术水平、更丰富的人口和资源禀赋，因此在进行金融中心和创新中心建设时更具优势。据此，本书提出第四个研究问题（问题四）：不同层级的城市如何采取差异化策略、利用金融集聚和科技创新推动经济持续发展？

本书的研究与论述将围绕上述四个问题展开。

1.3 本书研究思路和主要特色

（1）本书研究思路

本书由6章组成。第1章是绪论，介绍全文的研究背景，基于对经济现象和我国国情的观察，提出所要研究的问题，并介绍论文的研究思路、全文结构以及研究的创新点。

第2章是理论与文献评述。首先基于章节1.1所提出的研究问题，对城市经济学、经济发展与经济增长、科技创新、金融集聚和城市行政学等多个领域的文献进行梳理、总结和评论，并提出进行拓展研究的思路和方向。

第3章是城市人口和GDP规模分布机制及检验。本章基于城市系统整体视角，以系统理论中的幂律分布理论为基础，对城市人口规模分布的规律和内在机制进行理论分析，并将幂律分布理论拓展至对城市生产总值（Gross Domestic Product，简称GDP）的研究，利用280余个地级及以上城市2006年和2019年的数据对人口和GDP规模分布状况进行实证分析。本章围绕问题一展开。

第4章和第5章使用中国275个地级及以上城市2006年至2019年的面板数据，对金融集聚、科技创新和城市经济发展相关问题进行分析。除了对城市整体样本进行研究之外，还基于相关政策和理论以及对城市GDP规模分布的检验结果，将城市划分为中心城市、一般城市和下尾城市，对不同类型的城市分别进行分析。第4章是科技创新与金融集聚对城市经济发展的影响。本章实证分析了科技创新与金融集聚对城市经济发展的影响。考虑到经济发展模式可能随着时间而演进，因此在时间维度划分出2006年至2010年和2011年至2019年两个子样本。第4章围绕问题二展开。第5章是城市金融集聚对科技创新的影响。本章对金融集聚能否推动城市科技创新这一问题进行实证分析。第5章围绕问题三展开。

第6章是结论与展望。本章首先从城市系统规律存在的客观性、城市金融集聚与科技创新发展路线的异质性、金融市场发展和其他因素四个方面对研究结果进行总结和解读，随后基于研究结果得出相应的政策启示。除了围绕主要问题进行论述之外，本章还基于对研究中出现的值得关注的现象进行延伸讨论。最后对研究存在的不足之处进行总结，并对今后有待进一步研究的问题进行探讨和展望。第6章主要围绕问题四展开。

（2）本书主要特色

从研究的最终目的来看，本书的主要特色在于结合中国城市系统的内在规律和我国国情，对以金融集聚和科技创新推动城市实现长期经济发展的可能路线进行探索，针对不同类型的城市提出差异化的发展策略。

从研究方法和研究内容上来看，本书的特色主要体现在三个方面。第一，进行多学科领域交叉研究。城市具有多方面的属性，并且中国城市的形成和发展由于受到政策因素影响而在世界范围内独具特色。本书基于对现实经济现象的观察提出研究问题，考虑到城市的多方面属性以及中国城市和城市系统的特殊性，在对城市经济学、经济发展、科技创新、金融集聚和城市行政学等多个领域的文献进行阅读和梳理的基础上展开研究。第二，紧密结合中国城市系统特征展开理论与实证分析。对我国城市体系的管理方式、城市系统规律的内在生成机制进行深入分析，在数据收集和实证研究过程中将统计学理论、统计政策与中国城市治理体系的实际情况相结合，使理论和实证分析更符合我国国情。第三，本书以城市为单位，探讨金融集聚与科技创新之间的关系。目前有关金融集聚与科技创新的研究多使用省级数据或使用少量城市的数据。本书将样本数量扩展为275个地级及以上城市，能够反映金融集聚的性质和变化趋势、对城市进行全面且细致的考察，也使相关政策制定更具有可行性。

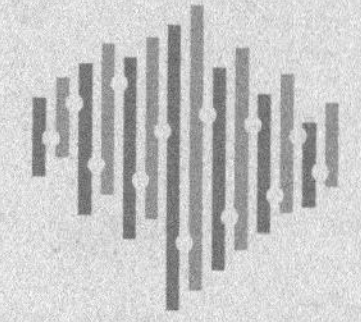

2

理论与文献评述

为了回答第1章所提出的四个问题，本章以“城市经济发展”为主线，对经济发展、城市经济学、城市行政学、金融集聚和科技创新等多个领域的理论和研究成果进行回顾和评述，以多学科交叉的思路探讨通过金融集聚和科技创新推动我国城市实现长期经济发展的理论可能性。除了对国内外具有代表性的理论和实证研究结果进行回顾之外，还将结合我国的城市体系特色和社会经济发展实际情况，对理论和经验的适用性与不足之处进行辨析，并对拟研究问题进行更深入的挖掘。

2.1 城市经济发展理论

2.1.1 城市经济学的研究路径

在古典经济学时期，城市的出现被认为是劳动分工的结果。社会生产力水平提升所造成的市场规模扩大使细致的劳动分工得以产生，随之出现的对商品交换的需求促使生产者和消费者集中于特定区域，城市的雏形也由此产生。

美国城市学家、芝加哥学派代表人物Louis Wirth认为城市的产生和发展是现代文明开始的标志。Wirth（1938）将城市定义为“异质性个体的永久居住地，并且居于此处的个体具有规模较大、密度较高的特征”。Wirth认为城市的优势可以理解为由下列因素在城市内集中而产生：工商业、金融业、行政机构、文化娱乐设施、卫生设施、高等教育和研发机构、职业团体和福利机构等。因此城市不仅仅是人们居住、生活和工作的地方，还是社会政治、经济、文化的中心。Wirth对于城市的定义也是城市经济学中被广泛接受的城市定义。

当前，城市研究是一门典型的交叉学科，研究者的学术背景包括经济学、地理学、社会学、城市规划学、电子信息等众多领域。其中，经济学对城市问题的研究一般遵循微观和宏观两条路径。微观路径以微观经济学理论为基础，主要关注城市内部厂商和家庭的区位选择；宏观路径将城市抽象为一个整体进行研究，主要关注整体层面的经济发展。早期的城市经济学研究主要遵循微观路径，然而随着宏观经济学理论的发展，有越来越多的学者基于宏观路径展开城市经济学研究，并逐渐形成了当前两条研究路径相互交织的格局。事实上微观路径与宏观路径相辅相成，城市内部微观主体的决策将直接影响城市规模和经济结构，从而对城市经济发展产生影响，城市经济发展状况又会影响微观主体的决策。

2.1.2 城市经济发展的理论基础

经济发展作为与人类生活相关的最重要的概念之一，历来被社会各界广泛关注和讨论，因此对其进行精确定义并非易事。到如今，经济发展已经拥有了丰富的内涵，学者们从多个角度对经济发展进行定义，例如创新理论的奠基者熊彼特（Schumpeter，1912）将经济发展定义为在生产过程中发现和使用新的、有价值的组合所带来的结果；诺贝尔经济学奖得主阿马蒂亚·森（Sen，1985）认为经济发展是一个使人能够更好地发挥自身功能的过程；中国经济学家林毅夫（Lin，2012）将经济发展定义为通过技术创新和产业升级实现经济结构化转变的过程。还有学者关注经济发展过程中个人资源禀赋、经济制度、社会福利、贫富差距、包容性等因素的重要性。

为了使研究更具有可行性和针对性，本书对经济发展采用相对传统的、强调严格经济意义的定义：经济发展是一个经济体的产出持续增长，并达到更高水平的过程。根据这一定义，对经济发展的研究有两方面值得关注：一是产出水平；二是使产出水平实现持续增长的因素和内在机制。一个经济体产出水平的提升意味着经济体中的居民拥有获得更多商品和服务的可能性，这既是经济发展的目的，也是经济中的个体拥有更多选择和实现更好个人发展的前提；对产出水平实现持续增长的因素和内在机制的理解和运用，则有利于实现更高水平的产出。

宏观经济增长理论对产出水平实现持续增长的因素和内在机制进行了深入研究，本节对相关理论及其在城市研究中的运用进行回顾。

2.1.2.1 传统经济增长理论

（1）经济增长阶段理论

美国经济史学者罗斯托（Rostow，1971）提出的经济增长阶段理论（stages of economic growth）是一个较早且产生了广泛影响的经济增长理论。罗斯托认为所有经济体在从欠发展状态进入发展状态的过程中都将逐一经历“传统社会”、“经济起飞前的准备”、“起飞”、“趋于成熟”和“大众消费”这五个阶段：① 在传统社会阶段，经济生产以自给农业为主，极少发生贸易，资本的数量与质量都很低，劳动生产率也很低；② 在经济起飞前的准备阶段，农业的商业化开始出现，更多的产品被用于贸易，经济中开始出现更多的储蓄与投资；③ 在起飞阶段，城市化与工业化进程加速，技术突破开始出现，制造业的重要性得以提升，农业的重要性相对下降，社会制度逐步完善，储蓄和投资占GDP之比进一步增长；④ 在趋于成熟阶段，产业变得更为多样化，创新及其利用使得人均产出显著上升，政府开始大规模投资于交通、学校、医院等社会基础设施；⑤ 在大众消费阶段，人均产出的持续增长使消费支出进一步增加，第三产业的重要性开始凸显，中产阶级消费者群体的扩张使经济持续增长。罗斯托的经济增长阶段理论具有内在逻辑和连贯性，能够较好地描述经济增长在长期中的主要特征，也指出了储蓄、投资、产业、社会制度、技术与消费等因素的重要性，然而这一理论更多偏向描述与总结，并没有对经济增长的根本机制进行探讨。

（2）哈罗德-多马增长模型

在罗斯托的理论基础上，哈罗德（Roy F.Harrod，1939）和多马（Evsey Domar，1946）分别独立提出了在今天被称为“AK模型”的哈罗德-多马增长模型（Harrod-Domar growth model）。哈罗德-多马模型将投资视为经济增长的核心动力。根据哈罗德-多马模型的设定，产出被表示为资本存量（通常记为K）的函数，资本是生产的必要条件，并且资本的边际收益不变；经济体中的平均储蓄倾向等于边际储蓄倾向，储蓄等于投资；经济体中的劳动力供给足够充分。根据哈罗德-多马模型，一个经济体的产出增长率与净储蓄率正相关、与资本产出比负相关，因此，增加资本存量是经济体进入和度过起飞阶段的必要条件。

哈罗德-多马模型在20世纪40年代广受追捧，然而随后学者们开始意识到其局限性。哈罗德-多马模型的构建主要是基于发达国家在20世纪30年代大萧条前后的发展经验，因此在解释不同国家或者不同时期的经济发展问题时适用性较欠缺。就设定而言，资本的边际收益不变这一条件需要以劳动力的充分供给为基础，另一方面，模型强调资本的作用，因此哈罗德-多马模型所描述的经济增长方式更适用于具有良好的资本积累机制并且同时拥有充足劳动力的经济体，这是一个较为苛刻的条件。例如一些发展中国家在增加资本积累时面临诸多困难，而一些发达国家在劳动力供给方面存在约束。

2.1.2.2 从要素驱动到创新驱动

（1）新古典经济增长理论

伴随着20世纪50年代的一系列学术对话，以索洛模型为代表的新古典经济增长理论被提出。在索洛模型中，一个经济体的产出被表示为资本、劳动力和技术水平（又名全要素生产率）的函数，该生产函数的规模收益不变、生产要素具有递减的边际收益。索洛模型假设经济体中的储蓄率、人口增长率和技术进步率均为外生变量。由于资本的边际收益递减，因此无论一个经济体的初始条件如何，该经济体最终将收敛于一个稳态均衡。在经济达到均衡状态之后，人均产出增长率等于外生的技术变化率。索洛模型对长期经济增长的解释非常直观：外生的技术进步使生产函数发生改变；给定相同数量的生产要素，新的生产函数对应于更高的人均产出（Solow，1956）。索洛模型的提出修正了劳动力供给足够充分这一假设，并考虑到资本的边际收益递减，从而弥补了哈罗德-多马模型的不足。

以索洛模型为基础的增长核算（growth accounting）使经济学家们可以直接计算出生产要素和技术水平对经济增长的贡献。在进行增长核算时，假设一个经济体具有如下形式的总体生产函数：

$$Y_t = A_t \times (K_t)^{\alpha} (L_t)^{1-\alpha} \tag{2-1}$$

其中Y是产出，K是资本存量，L是劳动力数量（或人口数量），A是外生的技术水平❶。将方程（2-1）对时间t进行微分可得：

$$\frac{\Delta Y_t}{Y_t} = \frac{\Delta A_t}{A_t} + \alpha \frac{\Delta K_t}{K_t} + (1-\alpha)\frac{\Delta L_t}{L_t} \tag{2-2}$$

其中$\alpha \frac{\Delta K_t}{K_t}$是资本积累对于产出增长的贡献率，$(1-\alpha)\frac{\Delta L_t}{L_t}$是劳动力增长对于产出增长的贡献率，$\frac{\Delta A_t}{A_t}$是技术进步对于产出增长的贡献率。一些使用跨国数据的实证研究发现，技术水平确实能够在很大程度上解释各国经济增长率的差异，其中具有代表性的例子包括Christensen et al.（1980）对美国及其重要贸易伙伴国经济增长的研究，Elias（1992）对七个拉丁美洲经济体经济增长原因的研究，Madsen（2008）以经济合作与发展组织（Organization for Ecnomic Co-operation

❶ 作为习惯，一般将总体（aggregate）变量记为大写字母，人均（average）变量记为小写字母。

and Development，简称OECD）成员国为对象关于国际专利冲击对经济增长影响的研究，等等。

（2）内生经济增长理论

尽管索洛模型强调技术水平在经济发展中的重要作用，然而该模型假设技术进步是外生的。将技术进步视为外生必然引发另外一个问题：经济活动的参与者是否可以做出自主决策，并且通过特定的经济行为来提升技术进步速率？在新古典经济增长模型的基础上，内生经济增长理论被提出。内生经济增长理论认为持续的经济增长应当由社会生产系统的内部因素，而非外部力量所决定。对于内部因素的运作机制，Rebelo（1991）指出，若要实现持续的经济增长，则必须存在不受边际收益递减规律约束的可积累的要素或要素组合。人力资本和知识被认为能够满足这一条件。

芝加哥经济学派代表人物Theodore Schultz将人力资本定义为劳动者所具有的、来自刻意投资的技能（Schultz，1961）。通过投资于人力资本，"人类的工作质量和生产力都能得到提高"，教育和做中学是人力资本积累的两个主要途径（Schultz，1961；Becker，1962；Lucas，1988）。在Lucas（1988）的模型中，如果随时间变化的外生技术水平退化为常数，那么仅仅依靠人力资本积累就能够推动经济的持续增长，而通过接受教育、做中学、改善健康和利用人力资本外部性，人力资本则能够被持续积累。然而单纯依靠人力资本积累具有一定的局限性。第一，人们所能拥有的人力资本受到知识存量的约束，只有知识存量不断增加，人力资本才有可能实现真正的持续积累。第二，由于人的生命有限，特定个体的人力资本最终会消失。因此有必要超越人力资本，对长期经济增长的决定因素进行进一步研究。

Arrow（1962）和Shell（1966）等学者通过观察发现，通过积累生产经验，企业可以改进生产过程、提高生产效率，因此技术进步在一定程度上是经济活动的结果，而非完全外生。在此基础上，Romer（1986，1990）提出内生技术进步模型。Romer首先引入"知识"这一概念，即"对有限的物质资源加以组合利用从而实现更高价值的方法"。由于具有可共享性，知识可以被大规模地重复使用而不产生递减的边际收益，而知识的价值亦随着其应用范围的扩大而增加。考虑一个典型的技术外生且规模收益不变的生产函数：当资本K和劳动力L的投入都加倍时，产出也会加倍，然而在这个过程中，知识A无须增加——由于具有可共享性，知识被重复使用即可。如果这时有新的知识被发现，产出的增加将超过一倍，总体生产函数具有以下特性：

$$F(2A,2K,2L) > 2F(A,K,L) \tag{2-3}$$

因此如果将知识也作为一个投入变量，则生产函数具有递增的规模收益。如前文所述，索洛模型中的“技术进步”是一个较为抽象的概念，而Romer的思路则是首先引入“知识”这一具象化的、可投入的要素，再进一步将知识与技术进步联系起来：知识存量对应于技术水平，而知识积累的过程则对应于技术进步。Romer（1986）强调企业可以通过刻意的创新来进行知识积累，从而提升技术进步速率，在这一过程中，技术进步被内生化。从模型设定上来看，内生经济增长理论打破了新古典增长模型中规模收益不变、边际收益递减的假设。通过创新来持续不断地提升技术进步速率和技术水平，一个经济体能够实现持续的经济增长，达到更高的经济发展水平。

2.1.2.3 从宏观经济学到宏观城市经济学

宏观经济学的研究对象是经济体（economy），即经济主体进行生产、分配、贸易和消费的区域。在绝大多数理论与实证研究中，“经济体”被等同于“国家”，然而区域和城市作为地理概念，也符合“经济体”的定义，因此宏观经济学中的发展和增长理论可以拓展至对更小地理单位的研究。这一分析范式可以追溯至1950年，Perroux运用宏观经济理论探讨收入水平在区域间的趋同（convergence）现象（Perroux，1950）。从20世纪60年代初至80年代中期，经济学家对区域经济发展和增长的关注度较低，尽管在这一时期宏观经济增长理论取得了突破性的进展。20世纪90年代，Armstrong（1995）和Sala-i-Martin（1996）等学者的研究使宏观经济学研究范式在区域经济研究中的运用再次受到关注。

根据上述思路，宏观经济理论可以直接运用于对城市经济发展的分析。对于城市经济体而言，劳动力、资本和技术是获得经济产出的三要素。通过增加对劳动力和资本要素的投入，城市产出水平将得到提升，然而由于受到劳动力和资本边际收益递减的约束，城市需要不断提升技术水平才能维持产出的持续增长。通过学习和采用先进技术，城市的技术水平得以提升，而随着技术水平逐渐接近技术前沿，城市的经济发展最终将依靠创新驱动。

2.1.3 城市的集聚效应与阻塞成本

城市是人口和产业的集聚地（Glaeser，1998），而由此带来的集聚效应既是城市作为经济生产单元的重要特征，也是推动城市经济发展的重要途径。

1926年，Haig与同事利用纽约的城市统计数据分析制造业的空间分布模式，首次对城市经济的空间结构进行系统性分析。Haig认为产业"天然地"（by nature）集中于特定区域，而卡车的出现则使商品能够以较低的成本进行运输和出口。Haig的研究关注到了城市的集聚经济现象，然而其研究思路强调经济活动的区域"天然归属"，因此这一分析在本质上是描述性的，并未探讨集聚经济现象的产生原因。

20世纪50年代，美国再次展开了一系列以纽约为对象的研究。根据Hoover and Vernon（1959）的总结，这段时期内的"纽约研究"与更早期研究的重要区别在于引入了外部规模经济的概念：对于生产者而言，通过集中于城市区域，可以共享信息、中间投入品以及城市基础设施，更便捷地与其他生产者进行沟通协作，从而提高生产效率、降低生产成本。另一方面，潜在的生产者从降低成本和提高生产效率的角度出发，更倾向于进入城市区域，这会反过来进一步提升城市的集聚程度。因此城市的集聚效应（agglomeration effect）具有自我强化的特征。

后来的学者从不同的角度对城市集聚效应进行了拓展研究。Krugman（1991）认为城市中的人口集聚为城市提供不同类型的和具有不同专业技能的劳动者，形成劳动力市场汇集（labor market pooling），这一方面使进一步的劳动分工成为可能，另一方面也使劳动力市场的匹配更高效，从而吸引更多的企业和劳动者进入城市。Rosenthal and Strange（2004）认为城市中的人口集聚意味着更大规模的消费市场，这能够推动企业扩大生产从而实现规模经济。Glaeser（1999）认为城市里较高的人口密度使人与人之间的交流更加频繁，这有利于知识传播和人力资本积累。Glaeser and Resseger（2010）考察美国城市的人力资本积累状况，发现人力资本的积累速度在大城市更快，并且与城市的人力资本存量正相关。朱平芳和徐大丰（2007）发现初始人力资本存量与人力资本积累速率之间的正相关关系也存在于中国的各大城市。Packalen and Bhattacharya（2015）对美国的专利授权内容进行考察时将专利的关键词作为知识的代理变量，发现在大城市里，包含相同关键词的新专利更快、更频繁地出现，这表明新知识在大城市更容易被接受和利用。

城市的集聚效应及其自我强化推动城市经济发展、使城市规模扩大。然而随着城市的规模扩张，阻塞成本（congestion cost）会逐渐增加，造成城市生活成本和通勤成本过高、交通堵塞、基础设施供给不足、拥堵、住房紧张、环境污染和犯罪率上升等问题。当阻塞成本带来的不便足够抵消集聚效应带来的优势时，城市规模将停止扩张（Tolley，1974）。

集聚效应和阻塞成本从微观经济学角度描述城市的发展机制，将宏观经济增长理论中的增长模型与之结合则可以看出集聚效应和阻塞成本对城市规模和经济发展的影响途径。城市的总体产出可以表述为以下函数形式：

$$Y = A \times K^{\alpha} L^{1-\alpha} \tag{2-4}$$

由于城市的集聚效应会造成外部规模经济和生产效率提升，并且城市在获取和利用新知识方面具有优势，这将直接提高生产函数中的技术水平A。当人口和企业为了获得集聚效应带来的优势而进入城市时，劳动力L和资本K的存量也将达到更高水平。劳动力L存量增加所造成的劳动力市场汇集、知识传播和人力资本积累进一步提升技术水平A，资本K的增加推动企业扩大生产从而实现规模经济也将进一步提升技术水平A。因此，城市集聚效应发挥作用的过程是城市生产函数的资本要素、劳动力要素和技术水平同时提高的过程，其结果则是城市拥有更多的人口、实现更大规模的经济产出。

当阻塞成本增加时，城市对人口的吸引力下降，这将直接降低劳动力L的存量，对劳动力市场汇集、知识传播和人力资本积累的抑制则不利于技术水平A的提升。人口数量下降引起的市场规模收缩不利于企业扩大生产和实现规模经济，这将直接降低资本K和技术水平A。因此，阻塞成本的上升使城市生产函数的资本要素、劳动力要素和技术水平同时下降，对城市的人口规模和经济规模都产生负面影响。在集聚效应和阻塞成本的共同作用下，城市将达到均衡规模，即稳态（steady state）。

2.1.4 城市系统的规模分布

一国之内城市数量众多但是资源总量有限，因此任何独立的城市在发展过程中不可避免地将受到资源约束，并且会与其他城市发生相互作用，此时则需要基于整体视角对城市总体进行研究。

Brian J.L.Berry（1964）在对早期的城市研究方法进行总结的基础上提出城市系统（system of cities）的概念。城市系统是由互有关联的城市所组成的网络，一座城市内部发生的重要变化会对城市系统内的其他城市产生影响。Berry认为，随着计算机技术的发展以及数据可获得性的增强，学者和城市管理者可以遵循以下两条路线进行研究与决策：① 对客观现实进行归纳总结；② 进行抽象的逻辑构建。基于这一思路，Berry将自然科学领域的一般系统理论引入城市研究，并且认为在将城市集合视为系统的情况下，一般系统理论中的概念、理论、研究方法和模型也适用于对城市集合的研究。

尽管城市系统的概念由Berry在1964年提出，对城市系统的研究可以追溯至更早时期。1935年，美国哈佛大学语言学教授、心理学家齐普夫（George K.Zipf）在对英文单词的出现频率进行研究时发现，单词的出现频率和频率位序之间存在简单的反比关系（Zipf，1935）。Zipf（1941）将这一发现进一步拓展至对城市规模分布的研究，形成了著名的“齐普夫定律”（Zipf's Law)：如果将一定区域内的城市按照人口规模从大到小进行排列得到位序（Rank)，那么位序第一的城市人口数量P_1与位序为r的城市人口数量P_r之间存在如下关系：

$$P_r = \frac{P_1}{r^q},\ q \approx 1 \tag{2-5}$$

将方程（2-5）两边取对数得到

$$\ln P_r = \ln P_1 - q \ln r \tag{2-6}$$

方程（2-6）可用于对齐普夫定律进行检验。

迄今为止，齐普夫定律已经成为最广为人知的用于描述城市人口规模分布特征的经验规则，被学者们用于研究世界各地的城市人口位序-规模分布状况。在研究中主要涉及两个问题：① 城市人口规模分布是否能够用方程（2-6）进行线性拟合？② 系数q的估计值是多少？如果城市规模分布符合齐普夫定律，那么城市人口规模和位序之间将呈现对数线性关系，并且系数q的估计值约等于1[1]。

Berry（1967）考察了1790年至1950年美国城市的人口位序-规模分布状况，Knox and McCarthy（2005）将Berry的研究进一步拓展至2000年；Rosen and Resnick（1980）对44个国家1970年的人口规模分布进行检验；Guerin-Pace（1995）

[1] 有学者将方程（2-6）所描述的关系称为位序-规模定律（rank-size rule），当系数q=1时称为齐普夫定律，例如Gabaix（2016）。也有学者将方程（2-6）所描述的关系统称为齐普夫定律，无论系数q是否等于1，例如Tsiotas et.al.（2014）。考虑到George K.Zipf最初的研究中描述的是反比关系，本书对位序-规模定律和齐普夫定律进行区分。

使用长达200年的数据实证检验法国城市的人口规模分布；Eaton and Eckstein（1997）的研究对象为法国和日本的城市；Tsiotas et al.（2014）利用2011年希腊的国民统计数据对人口规模分布进行检验[1]。这些针对不同国家、不同时期的城市规模分布检验的结果可以总结为三个方面：① 城市人口规模和位序之间的对数线性关系普遍成立；② 部分研究显示系数q接近于1，符合齐普夫定律，但同时也有一部分显示系数q和1有着显著的偏离；③ 尽管特定城市在规模分布中的位置可能出现变化，但城市系统的规模分布具有稳定性。

城市规模分布的稳定性意味着城市层级结构（city hierarchy structure）的稳定存在，大城市、中等城市和小城市在城市系统中共存（Batty，2006）。

2.1.5 中国城市系统的特殊性

与其他国家和地区相比，中国的城市系统具有特殊性，这些特殊性主要体现在两个方面。第一，与西方工业化国家主要由生产力发展和资本驱动的自下而上的城市化过程不同，中国的城市化是一个主要由中央和地方所掌握的资源和行政权力驱动的自上而下的过程，因此中国城市体系的形成和发展，以及城市的资源配置和经济发展都受到政策性因素的强烈影响。第二，在我国的官方语境下，“城市”一般指代作为行政区划建制的市。“行政建制”意味着城市是地方治理体系中的重要环节，行政权力和行政区划等级制度对城市发展具有重要的影响。为了更切合实际地分析我国的城市问题，在研究中应当对这些因素进行充分的考虑。本节以“市管县”体制为线索，对中国城市系统的发展和特点进行回顾。

中国城市体系管理所采取的市管县体制是一种在全球范围内来看独具特色的城市管理制度。市管县体制可以理解为“市”负责管理周边一定数量的“县”，其目的在于发挥市的引领和辐射作用，实现周边区域的共同发展。市管县体制的“市”包括两类，一是直辖市，二是作为地级行政区建制的市（地级市）。“县”也包括两类，一是县，二是县级市［以下统称“县（市）”］。

新中国成立之初，中国地方政府的行政级别分为“省、县、乡”三个层级。然而由于我国人口众多、幅员辽阔，由省对县进行直接管辖意味着省级政府需要承担

[1] 此处暂未引用对于中国城市的研究。本书在对这些研究进行总结和评述时结合了中国城市系统的特殊性，置于第3章。

巨大的工作量，因此需要在省和县之间另设一级行政区，即“地区”。地区由省级政府的派出机构——地区行政公署进行管理，由地区所管理的市和县具有相同的行政级别。

改革开放之后，我国经历过一段从计划经济向有计划的商品经济过渡的时期。为了更早更快地引入市场机制，打破城乡二元经济结构，中央政府于1982年向全国发出改革地区体制、实行市管县体制的指示。1983年2月，中央政府在《关于地市州党政机关机构改革若干问题的通知》中提出“积极试行地、市合并”。自此，地级市建制在全国迅速普及。地级市的设立主要有四种方式：① 地市合并：将地区行政公署与其驻地所在的市合并，撤销地区，成立地级市，管辖原地区所属的市和县。② 撤地设市：撤销地区，地区行政公署驻地所在的县级市升格为地级市，管辖原地区所属的市和县；③ 县（市）升格：将满足一定条件的县级市升格为地级市；④ 切块设市：将经济发展水平较高和人口密度较大的区域，或是具有政治和军事战略意义的区域划出，新设地级市。从1983年至2019年，全国新增地级市191座，而随着地级市建制的普及，我国开始广泛实行市管县体制（李一飞和王开泳，2019；吴金群和廖超超，2019）。

除了新设地级市之外，对地级市辖区和所辖县（市）的行政区划进行调整也是城市体系建设中的常见方式。对市辖区进行行政区划调整的主要方式有：① 撤县（市）设区：将直辖市或地级市所管辖的县或县级市撤销，并改设为市辖区。② 区界重组：将行政区划在市辖区之间进行重新调整，或是将行政区划在市辖区与县或县级市之间进行重新调整。③ 切块设区：将经济发展水平较高和人口密度较大的区域单独划出，新设为直辖市或地级市的市辖区。④ 区县（市）合并：将市辖区与周边的县或县级市合并，对市辖区行政区划进行调整，或者改设为新的市辖区。对县（市）的行政区划调整方式包括：① 边界重组：将县（市）周边的部分区域划入该县（市）的行政管辖范围，或将周边县（市）撤销后划入该县（市）的行政管辖范围；② 切块设市：将具有经济、资源或交通等优势的区域划出，新设县级市。

在市管县体制下，中国的地级市具有双重属性。第一重属性在于，地级市需要发挥一般意义上的城市功能，地级市政府对市辖区的经济社会发展和城市建设负有责任；第二重属性在于，地级市是地方行政建制的一个层级，地级市政府对所辖县（市）负有管理和监督的责任。对地级市政府的绩效考核则涉及两个方面，一是市辖区的经济社会发展和城市建设状况，二是将所辖县（市）纳入后的全市行政范围内的经济社会发展和状况。市管县体制使地级市政府的管辖范围超越其辖区边界，使行政权力在资源配置中所发挥的作用得到强化。

自改革开放起，中央政府进行了一系列“简政放权”改革，逐步将财政、利用外资和投资审批等原本属于中央政府的权力下放给地方，地方政府在城市发展和建设方面拥有了较高的自主权。由于我国的总体发展路线和地方政府绩效考核都是以经济建设为中心，因此地级市政府之间会展开激烈的“经济锦标赛”和“政治锦标赛”（刘剑雄，2008；李永刚和管⊠，2011）。就经济锦标赛而言，地级市政府关心的核心问题是扩大城市经济规模总量。作为以经济收益最大化为目标的“经济人”，地级市政府倾向于使用各种非市场手段来维护自身的经济利益。就政治锦标赛而言，取得政绩、实现晋升是地方政府官员的重要目标，而赢得经济竞赛则是实现政治晋升的最重要途径。“经济锦标赛”和“政治锦标赛”造成了中国地方经济发展中的“行政区经济”现象，其具体表现为：① 地方企业行为强烈地反映出地方政府的意志；② 地方政府的行政权力对区域经济发展造成约束，这主要体现为经济区域范围受行政区域范围所限，地方保护主义使生产要素的跨区域流动受到抑制；③ 行政中心通常也是经济中心，两者高度重合（刘君德，2000）；④ 地方政府之间的激烈竞争造成不同区域在政策和产业结构上趋于一致。

市管县体制有力地推动了中国从农业国家向工业国家的转型，却也强化了行政权力在资源配置中所发挥的作用。总体上来说，市管县体制在引入市场机制和打破城乡壁垒方面发挥了积极作用，同时也存在行政层级过多和行政效率低下的问题。尽管近二十年来社会各界所发出的对市管县体制进行改革的呼声此起彼伏，然而市管县体制依然是我国城市管理体系中的主导方式，因此在研究中国城市经济问题时应当注意市管县体制可能造成的影响。

2.2 科技创新理论

2.2.1 科技创新的内涵演变

创新这一概念最早由奥地利经济学家熊彼特在《经济发展理论》一书中提出。熊彼特将创新定义为“将不曾存在的由生产要素与生产条件构成的新组合引入生产体系之中，从而建立新的生产函数”（Schumpeter，1912）。

熊彼特在其早期理论中对创新（innovation）发明（invention）这两个概念进行了区分。发明是指创造出新产品、新服务和新的生产过程，而创新则是将发明的产物引入市场和进行商业化。熊彼特对创新与发明的区分意味着新产品、新服务以及新的生产方式需要经历两个阶段才能对经济发展产生积极作用。第一个阶段是将上述改进方式创造出来，第二个阶段则是将其进行应用与商业推广、使其发挥经济价值。在熊彼特所处的时代以及更早的19世纪，对创新和发明进行区分具有现实意义，那时常常存在这样一种情形：独立发明者将发明成果提供或转让给企业，再由企业筛选出合适的成果进行推广和商业化。

将发明和创新进行区分的做法并不存在绝对的理论和操作规则，研发与运用两者相辅相成，研发是运用的前提，而运用创造出的价值是研发的动力（Scherer，1986）。进入20世纪后企业内部研发逐渐兴起，企业或相关部门同时扮演研发者与推广者的角色，这进一步弱化了对发明和创新进行区分的必要性。在近些年的研究中，大多数学者不再对发明和创新进行区分，而是采用一个更具包容性的对创新的定义，将“发明”与“创造价值”这两阶段都包含在内（Carlino and Kerr，2014）。如果以熊彼特的理论为基础，那么创新可以被定义为“将不曾存在的由生产要素与生产条件构成的新组合引入生产体系之中、建立新的生产函数并实现更高价值”。

《美国传统词典（第五版）》将technology（技术/科技）定义为“用于实现商业和产业目标的科学方法和事物”或“社会所拥有的用于操作、实践和获取材料的知识体量”。在探讨科技创新的内涵时，有两方面的因素需要关注。

第一，宏观经济学家对创新进行了深入探讨。索洛模型表明长期中的经济增长由技术进步率所决定，在此基础上，Romer（1986）提出“知识”这一概念，并将知识定义为“对有限的物质资源加以组合利用从而实现更高价值的方法”，而创新则是对知识进行更新和积累的过程；技术水平即知识存量，技术进步的过程则是知识积累的过程，技术进步通过创新来实现。宏观经济增长理论的发展使“技术”和“技术进步”的概念广为传播，因此“技术创新”常被作为“创新”的同义词，同时由于翻译原因，“科技创新”也成为中文里常见的表述。

第二，创新包括制造方法、科学原理、思想观念等各个领域的知识更新，对应于“社会所拥有的用于操作、实践和获取材料的知识体量”这一定义。尽管各个领域的知识更新和积累都能产生更高的价值，然而在实际研究过程中，这一定义将造成研究对象过于宽泛的问题。在此基础上，以Romer（1990）为代表的学者强调刻意的投资与研发对技术进步的推动作用。经济合作与发展组织（OECD）发布的2002年版《弗拉斯卡蒂手册》（Frascati Manual）同样关注研发的作用，并将技术/

科技创新定义为“新的或明显改进的技术产品和过程”。从这一方面来看，“创新”常常被默认为由研发所带来的“技术/科技创新”。

基于上述分析，本书以科技创新为研究对象，将科技创新定义为“通过刻意投资与研发产生新的或明显改进的技术产品和过程”，并强调：① 技术的本质是科学方法和事物；② 技术和技术进步对于经济增长的推动作用。在描述相关社会经济现象或探讨科技创新的一般原理时，“创新”“创新型城市”和“创新型企业”等概念也会出现。

2.2.2 科技创新活动的特点

与常规经营活动相比，科技创新活动具有其特殊性，此处将这些特殊性总结为七个方面。

第一，从社会层面来看，科技创新成果具有部分公共品的性质，具有正外部性[1]。当创新成果被一个经济主体运用时，无法完全排除其他经济主体对这些成果进行运用，这意味着创新投资的回报不能完全被创新者所获得，从而造成对研发与创新的投入不足，使市场均衡下的科技创新水平低于社会最优水平。这一现象在知识产权保护制度缺乏或不完善的情况下会更加严重。

第二，研发活动投入资金中的很大一部分是被用于支付工资与薪酬。科研活动的从事者往往拥有较高的人力资本，例如丰富的知识储备以及在某些领域难以替代的技能，因此只要企业的研发活动在进行，就需要对“人力资本”进行投资。投资于此类无形资产意味着企业期望这些研发者在未来会带来收益，而人员离开或者被解雇则意味着企业资源的损失。为了减轻这种情况造成的影响，企业会将研发资金在较长一段时间内进行分段投入。这时企业的研发行为看起来仿佛需要面对较高的调整成本（adjustment cost）。在均衡状态下，由于需要覆盖调整成本，投资人所要求的回报率会较高。

第三，科技创新活动的开展需要高密度、长时间的实物资本和人力资本投入，然而最终结果具有不确定性。从投资者的角度来看，在面对回报的不确定性时，对

[1] 例如Romer（1986,1990）提出知识具有可共享性，当创新者创造出新的知识后，这些知识可以被其他人所使用。知识产权保护制度使知识具有部分排他性，其他人依然可以在已有知识的基础上进一步创新。

创新项目的评估变得尤其困难，这使得创新者往往不得不面对财务约束。Scherer and Harhoff（2000）指出，创新活动面临的重要挑战在于创新的利润分布具有极高的偏度，有研究表明创新投资的利润分布有时候会呈现帕累托分布，即大样本的方差不存在或者不收敛，此时无法使用传统的方法对创新活动进行项目价值评估。另外一种相对较为常见的情形是，一些投资项目具有很小的成功概率，而一旦成功就能获得很好的收益，然而此类投资项目也许会因无法通过回报率分析而不会被开展。

第四，研发者与非研发者之间存在信息不对称。在科技研发的背景下，信息不对称是指研发者对其所开展的项目的性质和成功概率等信息的了解程度优于潜在投资者。由于创新属于知识密集型的活动，因此相比于普通投资，创新投资的信息不对称和逆向选择问题更加突出，潜在投资者在做出投资决定的时候，难以对创新所需要的投入以及最终结果做出准确评估（Holmstrom，1989），也无法设计出完善的状态依存（state-contingent）合约（Grossman and Hart，1986）。在现实当中，信息不对称为“画大饼”甚至欺诈行为提供了温床，而创新投资市场上往往产生过高的“柠檬溢价”，即投资者要求过高的风险补偿。在一些更为极端的情况下，由于信息不对称问题过于严重，创新融资甚至可能消失。要求企业做出更完整的信息披露可以在一定程度上缓解信息不对称，然而这一做法在实际操作中所能发挥的效果有限，这是因为企业可能担心信息披露会对自身的发展造成伤害。例如一些从事药物研发、军工科技、运输设备研发的创新型企业在经营过程中非常注重保密性，以防止核心科技被竞争者获取而蒙受损失。

第五，创新企业在选择融资方式的时候需要考虑更为复杂的情形。Modigliani and Miller（1963）提出了著名的资本结构无关论，即MM理论。假定一个企业可以使用内部资金、债务和股权三种方式进行融资，根据MM理论，在一个税收、破产成本、代理成本和信息不对称等摩擦都不存在的有效市场中，企业的价值与其融资方式无关。然而现实因素使MM理论无法成立，企业需要选择最优的融资方式。对此，Myers and Majluf（1984）提出在信息不对称的情况下企业的最优融资方式遵循“啄序”(pecking order)，即内部融资优于债务融资，债务融资优于股权融资，这样能够有效降低资本成本。但是在为创新活动进行融资的情况下，债务融资反而可能成为负担与束缚，这是因为偿还债务将消耗企业的自由现金流，降低企业行为的灵活性，这种情形下的企业创新决策需要考虑更复杂的情形。实证研究为这一推论提供了较为有力的支持，例如Bartoloni（2013）使用意大利企业

1996 ～ 2003年的数据，发现企业在经营利润增加时拥有更低的杠杆率，符合啄序理论，然而当企业较多地从事创新活动时，外部融资的比例会增加；Chang and Song（2014）使用美国数据进行研究发现，拥有更多专利的企业更偏爱股权融资而非债务融资，而引发这种投资偏好的可能原因在于专利可以作为信号用以降低信息不对称。

第六，创新投资需要面对代理人冲突和道德风险对创新决策的影响。现代企业普遍采用的所有权与经营权分离的治理形式为代理人冲突和道德风险的出现提供了条件。Jensen and Meckling（1976）指出，企业经理人对工作需要付出百分之百的努力，却不能得到百分之百的回报；相应地，经理人可以谋取百分之百的私人利益，却无需承担百分之百的损失。在这种情况下，经理人可能以企业利益为代价来谋取私人利益。对于科技创新而言，此类委托-代理冲突可能引发两类问题。其一，经理人更愿意在能够为自身谋取私人收益的项目上进行投资，而不是去选择能够创造最大价值的项目。其二，经理人可能因为风险厌恶而不愿意投资于具有不确定性的研发项目，即使这些项目一旦成功便能产生良好的收益。Holmstrom（1982）建立了一个理论模型，其中经理人能够获得私人收益，并且可以决定是否进行创新；创新具有高度的不确定性，并且其失败的概率是随机的。如果投资者在创新失败的情况下将失败归咎于经理人的个人能力缺陷，那么经理人为了避免投资者对其能力的质疑，就会在创新项目上投资不足。

第七，创新型企业的生存压力较大。许多创新型企业是初创企业，这些企业在产生创新设想后可能因资金约束而无法顺利开展创新；另一方面，即使创新活动成功开展，经营初期有限或不稳定的现金流也会使这些企业面临较大的财务压力和破产风险。

2.2.3 中国地方政府对科技创新的影响

无论在任何类型的经济体，由于科技创新成果具有正外部性、具有一定的公共品属性，因此科技创新活动的开展需要政府干预，否则会出现市场失灵和科技创新投入不足。常见的政府干预手段包括制定科技创新规划、加强知识产权保护、建立外国投资审查制度、开展公共部门和私有部门合作等，以及由政府直接对科技创新进行财政资金投入和政策支持。

在我国，由于政府掌握了大量社会资源和经济资源，因此政府决策在很大程度上发挥着对科技创新的引导作用。现有研究对科技创新政策的效果得出了不一致的结论。例如，王琼（2016）认为，虽然我国政府和企业都非常重视科技创新，但整体创新能力不强;吴非等（2017）利用1999～2014年30个省份的面板数据检验财政科技投入及地方政府行为对创新的影响与发生机制，发现财政科技创新产出效果存在着明显的地区异质性;田志龙等（2019）将我国政府创新政策分解为政策目的、政策诉求、政策资源和政策过程等方面，认为创新政策体系通过竞争性的政策过程激发地方政府间和企业间对政策资源的竞争，而非进行直接的财政补贴，来推动企业创新和产业发展;李宪印等（2022）利用2008～2020年的省级面板数据进行分析发现，政府科技投入对区域创新具有显著的正向作用，然而正向作用的空间溢出效应不显著，同时政府科技投入对区域创新的影响效果存在地区异质性。

在鼓励城市科技创新方面，地方政府拥有较大的权责。然而长期以来我国“要素驱动”的经济发展模式一直发挥着良好效果，因此地方政府对科技创新进行激励的动机有限。另一方面，在以经济建设为中心的地方政府绩效考核制度下，地方政府更愿意将资源集中于能够在短期内带来高经济回报的项目，对周期长、最终结果不确定的科技创新活动的支持力度不足。刘春济等（2022）基于2003～2016年城市层面数据的分析结果显示，地方增长目标显著抑制了区域技术创新，而中央政府发展导向的调整则会弱化这一负向影响。

随着我国经济发展进入新常态，科技创新对于经济发展的重要性得到了更加广泛和深刻的认知。在2012年党的“十八大”提出创新驱动发展战略以及2016年国务院发布《国家创新驱动发展战略纲要》后，各地政府普遍加强了对科技创新的政策支持力度。地方政府对科技创新的重视一方面对科技创新发挥了积极作用，另一方面也引发了新的问题——城市之间开始展开“创新锦标赛”，其具体表现为各地政府争相筹措创新资金、积极推进大规模科技创新项目、密集修建创新园区和孵化器等，在一定程度上造成了资源浪费（沈沁和游士兵，2017）[1]。当前，众多城市提出建设创新型城市的设想在一定程度上也是政策竞争的结果。

---

[1] 例如《经济日报》2020年10月27日针对江苏、四川、湖北、贵州、陕西等5省的6个百亿元、千亿元级集成电路项目先后“烂尾”进行了评论报道：“我国集成电路产业发展‘一哄而上’，在好项目涌现的同时也不乏没经验、没技术、没人才的‘三无’企业，低水平重复建设问题严重，甚至有个别项目建设停滞、厂房空置，最终造成了资源和资金浪费”。

2.3 金融集聚理论

金融集聚是金融产业和金融资源集中于特定区域或空间的现象。对金融集聚的探讨需要考虑两个方面的因素。第一，金融产业和金融资源的运作需要以金融系统为依托，因此对金融集聚的分析不能脱离一国的宏观金融发展背景。第二，金融集聚是一种特殊的产业集聚，因此对金融集聚的分析还需要考虑产业集聚的特征和区位因素。

2.3.1 金融发展：金融集聚的宏观背景

2.3.1.1 金融发展理论

在探讨金融发展之前，首先需要厘清金融系统的含义。金融系统是由金融机构、金融工具以及金融市场等要素所组成的整体，其功能在于提供进行金融交易的渠道，将投资者、贷款者与借款者连接起来。由于金融活动的参与者之间存在信息不对称，并且金融活动本身具有较强的外部性，因此，相应的监管机构与监管政策也是金融系统中不可或缺的组成部分。另一方面，在经济发展历程中，随着生产力水平的不断提高以及劳动分工和生产专业化的出现，多个生产者进行协调合作的情况日益普遍，在这一过程中必不可少的环节便是签订与执行各类合同。对于降低获取信息、强制执行合同和完成交易的成本的需求导致了财务合同、金融中介和金融市场的出现。在不同地域、不同时期内，生产力水平、市场信息、完成交易和执行合约的成本也不同，当某一时期内某个经济体的独有特征与相应的法律、监管和税收等制度结合在一起，就会产生具有不同特征的金融系统（Merton，1990）。

金融发展则可以被理解为金融系统在规模、效率、稳定性和参与性方面的改善，在这一过程中则包含金融机构的设立与扩张、金融工具与金融市场在促进投资与经济发展方面的能力不断提高。由于金融系统自身的复杂性，学者们在进行相关研究的时候会从不同的视角出发。从时间顺序来看，金融发展理论主要经历了金融结构理论、金融抑制理论和金融功能理论三个阶段。

（1）金融结构理论

Gurley and Shaw（1955；1956）合作发表的《从金融角度看经济增长》（Financial Aspects of Economic Development）和《金融中介机构与储蓄投资过程》（Financial Intermediaries and the Saving-Investment Process）标志着金融发展理论研究的开启。在这两篇论文中Gurley和Shaw提出，随着经济发展阶段的提升，金融对于经济发展将发挥越来越重要的作用。

Goldsmith（1969）进一步将金融发展定义为金融结构（financial structure）的变化，而金融结构则是各种金融工具与金融机构的相对规模。Goldsmith发表于1969年的论文是最早利用实证方法考察金融结构、金融发展与经济发展之间关系的研究。在这篇论文中，Goldsmith利用35个发达国家和发展中国家从1860年到1963年的数据进行研究，发现伴随着经济发展，银行业规模与社会产出规模之比会上升，在一些情况下，非银行金融中介和股票市场的规模与重要性也会增加。Goldsmith的观点与Gurley和Shaw的观点相比更为强烈，他认为一个经济体的金融上层建筑（superstructure）对于推动经济发展所能发挥的作用取决于该金融上层建筑能在何种程度上使资金流向最优使用者。

（2）金融抑制理论

根据金融结构理论，一个高效的金融市场能够对金融资源进行有效配置，从而推动经济增长与发展，然而McKinnon（1973）和Shaw（1973）在对发展中国家的金融问题进行研究时发现，从历史上来看，发展中国家普遍存在政府对金融行业的过度干预和管制，这种情况下的资本回报率将低于其在竞争市场环境下的回报率，因此储蓄与投资将受到抑制，进而妨碍经济发展。据此，McKinnon和Shaw提出金融抑制的概念，他们将金融抑制（financial repression）定义为“由于政府管制、法律法规以及其他非市场性制约因素的存在，一个经济体中的金融中介无法充分发挥其推动经济发展的功能”；这些制约性因素包括设置利率上限和信贷限额、制定较高的存款准备金率和流动性比例要求、实行资本项目管控、对金融行业实行准入限制、对信贷领域进行限制和实行外汇管制等。McKinnon和Shaw认为发展中国家的金融抑制对经济的充分发展造成妨碍，发展中国家应当通过金融深化（financial deepening）、即减轻或解除金融抑制来促进经济发展。后来的学者也对金融抑制理论进行了进一步研究。Beim and Calomiris（2001）认为，通过对金融系统的直接控制，政府可以在不经过立法程序的情况下将资金注入自己的手中，而且其成本比进行市场融资更低；Kaminsky and Schmukler（2007）认为在一些国家，政府通过对银行设置较高的准备金率要求，将储蓄作为一种创收的方式；Gersbach and Rochet（2017）发现良好的金融体制可以优化资源分配，纠正资本的分配不当。

（3）金融功能理论

金融功能理论最早由Merton and Bodie（1995）以及Levine（1997）提出。金融功能（financial function）理论强调金融体系所能发挥的功能，金融发展则是“金融市场功能的改善”。金融体系功能改善所产生的积极作用主要体现在以下五个方面。

① 生产有关投资与资本配置的事前信息。一般来说，金融市场内的个人参与者在收集、处理和生产信息时精力和能力有限，而金融中介和股票市场的存在能够降低获取和处理信息的成本，使资源配置的效率得到提升（Boyd and Prescott，1986；Grossman and Stiglitz，1980）。

② 对投资和企业治理行为进行监督。从企业治理的角度来看，如果资金提供者能够较好地对企业的投资决策与资金用途进行监督并调整投资决策，那么金融资产的配置将更为高效，市场参与者的储蓄意愿也会相应增强（Stiglitz and Weiss，1983）。功能良好的股票市场以及金融中介体系能够有效缓解投资者，尤其是中小投资者与企业管理者之间存在的信息不对称，为投资者提供充足的信息用以评价企业管理者的业绩，从而促进资源流向能够实现最大化价值的领域（Jensen and Meckling，1976；Bencivenga and Smith，1993）。

③ 促进交易，分散风险。金融体系为投资者提供了丰富的交易工具，投资者可以利用交易工具建立投资组合来分散风险，从而促进更多的资金投资于回报率高的项目（Obstfeld，1994）。此外，发达的金融体系使跨期风险分担成为可能，这一功能对于发展中国家而言具有更为重要的意义，这是因为发展中国家的经济发展往往因基础设施建设方面的不足而受阻，而基础设施建设具有资金投入大、建设周期长、回收期长的特征，因此常常面临资金约束（Ehlers，2014）。

④ 促进资本的积累与流动。将储蓄转化为投资这一过程中的一个重要环节是资金的统筹与集中，然而由于交易成本和信息不对称的存在，这一环节也需要付出相应的成本。如果市场中存在信用良好的金融中介机构，那么众多投资者可以将剩余资金托付于金融中介，再由金融中介进行投资，这将有效地降低获取信息、项目评估和签订合约等过程中的交易成本（De Long，1991），从而促进资本的积累与流动。更大规模、更灵活的资本积累与流动，使投资与社会生产过程中的规模经济

效应得以实现（Sirri and Tufano，1995）。

⑤ 降低商品与服务的交易成本。从生产者的角度来看，交易成本的降低使多个生产者之间的交易与合作成为可能，从而使生产过程中的专业化得以出现并发展，而专业化则有利于提高生产效率。Greenwood and Smith（1996）的理论模型和Svaleryd and Vlachos（2005）的跨国实证研究都表明，金融发展能够通过降低交易成本来实现生产专业化。此外，从生产者-消费者二元关系的角度来看，交易成本的降低使一些原本不会发生的交易得以实现，市场需求和市场规模将因此扩张。

2.3.1.2 金融发展与经济发展

在有关金融发展和实体经济发展的研究中，“经济发展”和“经济增长”这两种表述同时存在。早期研究更多地使用经济发展这一表述，事实上Gurley和Shaw的开创性研究正是从经济发展的金融方面出发，探讨金融发展的重要性。近些年来，有更多的文献使用经济增长这一表述方式。由于经济增长能够直接带来经济发展水平的提升，因此两种表述之间具有共性，对经济增长的研究同样适用于经济发展。为了尽量在文本上与文献保持一致，本节同时使用“经济发展”和“经济增长”这两种表述方式。

（1）金融发展与经济发展的四种理论观点

目前，学术界对于金融发展与经济增长之间的关系主要持有四种理论观点：供给导向、需求追随、互为因果和不相关。

① 供给导向理论。供给导向理论（supply leading）认为，金融发展能够为经济发展创造有利的条件，是推动经济发展的原因。供给导向理论的核心在于认为金融发展能够将资源从传统的、非增长性的经济部门转移到现代的、增长性的经济部门。早在1912年，熊彼特就在《经济发展理论》一书中探讨了金融与经济发展之间的关系，并提出金融市场能够为企业家的创新活动提供资金支持，而银行等金融机构能够对企业家进行筛选和识别，将资金投向于更有潜力实现产品与生产技术创新的企业家，从而实现资金的更高效配置、推动经济发展（Schumpeter，1912）。Goldsmith（1969）认为金融活动将储蓄与投资进行联结，通过促进资本积累和资本形成从而推动了经济增长。King and Levine（1993）认为如果金融市场能够鉴别出有潜力的企业家、将资本引导至最能提高产出效率的经济活动并分散与创新活动

相关的风险，那么从事创新活动所能获得的收益将高于使用已有方法进行生产所能获得的收益。Giuliano and Ruiz-Arranz（2009）认为金融发展能够通过对资本分配、贸易、商业联结和技术溢出的强化作用，实现整体经济环境的优化。此外，金融发展还可以通过缓解信贷市场的信息不对称来降低教育融资门槛，使更多家庭通过融资来满足其对教育的需求（Boyd and Smith，1997），从而提高社会中的人力资本存量，最终促进经济发展。

② 需求追随理论。需求追随理论（demand following）认为金融发展由经济增长所带来的对金融服务的需求所推动，经济增长是因，金融发展是果。罗宾逊（Robinson，1952）是这一理论的代表人物，她提出了“产业先行，金融追随”这一著名观点。Patrick（1966）认为在一个以价格机制进行资源配置的经济体中，当经济发展达到一定程度之后，对金融服务的需求也将扩大，经济体中的金融机构数量以及金融资产体量与GDP之比呈现上升趋势，金融系统将适应经济发展的实际状况并进行内部调整。事实上，金融行业在历史上的出现正是由于经济增长对金融服务产生了需求，从而导致金融机构、金融资产和金融市场的产生和发展。

③ 因果理论。这一观点认为金融发展能够促进经济增长，而经济增长也能进一步推动金融发展。Greenwood and Jovanovic（1990）认为，金融体系的发展有助于分散风险，使更多资金能够参与具有高回报率的投资，从而推动经济增长，而经济增长则为金融体系的进一步发展提供了条件。Berthelemy and Varoudakis（1996）构建了一个基于银行部门与实体部门之间双向外部性（reciprocal externality）的多均衡理论模型。模型显示，实体部门的增长会引起金融市场的扩张，从而促进银行间的相互竞争、提高金融市场效率，而银行部门的发展能够提高储蓄的净回报率，从而推动资本积累和经济增长。

④ 不相关理论。这一观点认为金融发展与经济增长之间不存在绝对的因果关系，持有这一观点的经济学家对金融体系所能发挥的作用表示质疑。例如货币主义学派对名义变量和实际变量进行了区分，认为对货币这一名义变量的调整对实际产出造成的影响有限；理性预期学派的代表人物Robert Lucas甚至直接提出金融对于经济增长所能发挥的作用被“过分强调”（Lucas，1988）。

（2）发展中国家的经验

众多理论和实证研究显示，金融发展能够对经济增长产生积极作用[1]。然而值

---

[1] 可以参考Thiel（2001）对相关实证研究的总结。

得注意的是，金融发展对经济增长的推动作用离不开“价格机制对资源进行有效配置”这一前提。总体来看，这一假设更符合发达国家的国情。对于发展中国家而言，从最常见的市场机制不健全和政府对经济过度干预，到地缘政治、社会经济特色、历史沿革等因素，都会对其金融体系运行产生影响，因此在分析发展中国家金融发展和经济增长之间的关系时需要更为审慎。

De Gregorio and Guidotti（1995）以拉丁美洲国家为研究对象，发现金融发展推动经济增长的主要方式是通过提高投资效率，而非提高投资规模；如果金融自由化发生在监管不完善的环境下，金融部门发展与经济增长之间将呈现出负相关。Al-Zubi et al.（2006）以中东和北非地区的11个阿拉伯国家为研究对象，使用1980～2001年的面板数据，发现这些国家的金融发展指标并未与经济增长之间表现出显著的相关性，并认为这一结果表明公共部门在阿拉伯国家的经济活动中占有主导地位，而金融发展则不够充分。Adusei（2013）使用加纳1971～2010年的时间序列数据进行研究，以国内贷款占GDP比例、国内针对私人部门贷款占GDP比例和广义货币供应量占GDP比例作为金融发展的衡量指标，结果显示上述三组指标与经济发展指标之间呈现负相关，作者认为该国在推进金融发展时应当慎重。

从历史上来看，中国金融制度的变迁一直受到政策性因素的强烈影响，形成了当前以国有银行为主导的间接型融资体系，国有金融部门效率较为低下，而非国有金融部门的发展受到抑制（鲁晓东，2008；张杰，2019）。国家统计局的数据显示，2000～2021年，我国金融业增加值大幅上升，由2000年的4842.41亿元上升至2021年的91205.58亿元，如图2-1所示。统计年鉴数据显示，2000～2020年全国金融机构存款与国内生产总值之比呈上升趋势，由2012年的176.6%上升至2020年的209.7%，如图2-2所示。

学术界针对中国金融发展和经济增长的研究也得到不一致的结果。例如王志强和孙刚（2003）发现金融发展和经济增长之间表现出相互促进的因果关系；庞晓波和赵玉龙（2003）的研究则发现金融发展与经济增长之间仅仅表现出弱相关性；黄嵩（2007）发现金融中介规模与经济增长表现出显著负相关，金融中介规模扩张阻碍了资本积累；贾高清（2020）认为当金融发展速度相对于实体经济而言过快时，会降低资本形成率并引发通胀，从而对实体经济产生负面影响，当两者的发展较为协调时，金融发展则有利于实体经济发展。

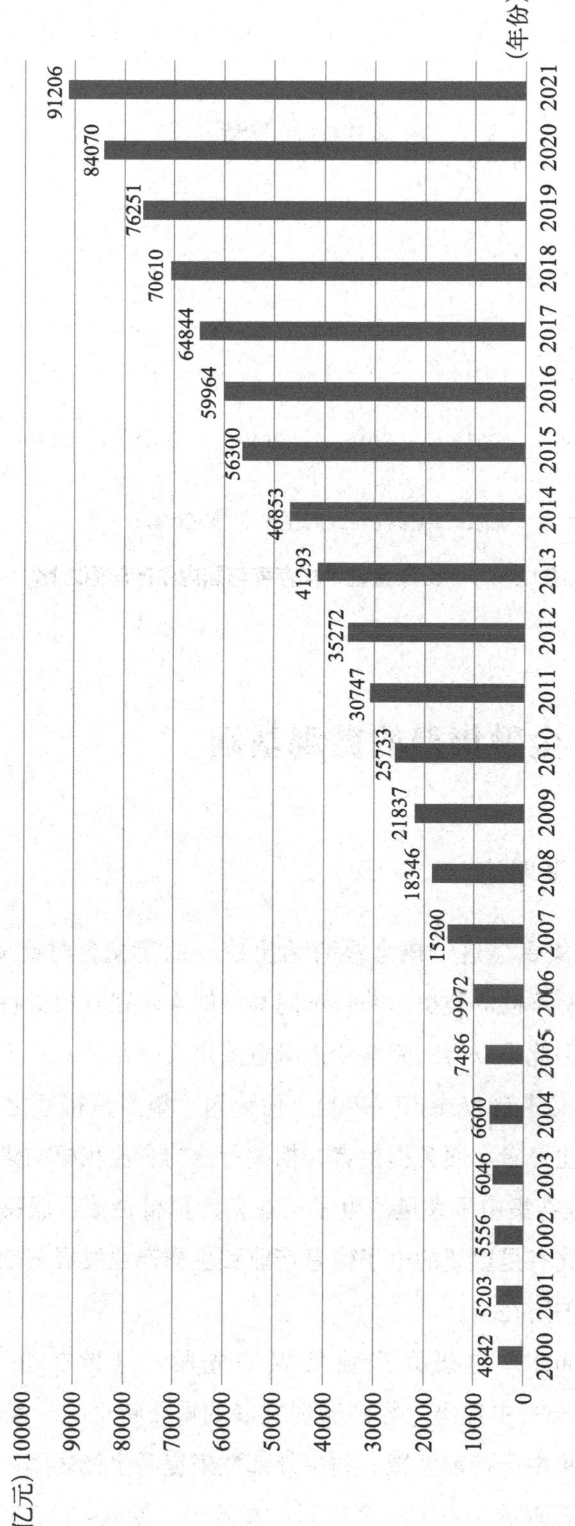

图2-1　2000 ~ 2021年中国金融业增加值

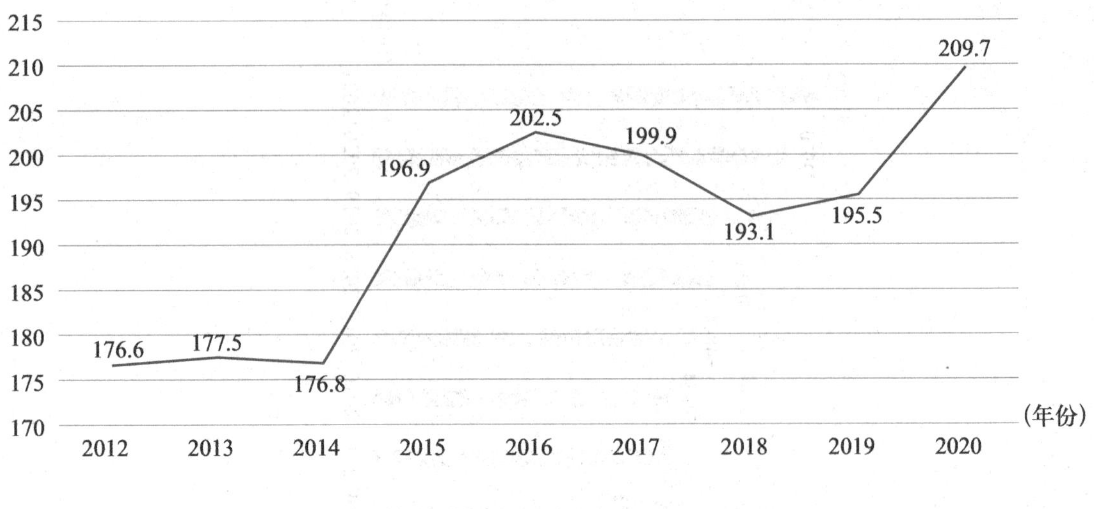

图2-2　2012 ~ 2020年金融机构存款与国内生产总值之比

2.3.2　产业集聚：金融集聚的微观基础

2.3.2.1　产业集聚理论

现有文献对“集聚”这一概念没有给出统一的定义。对此Markusen（1996）认为，由于集聚具有不同的类型，并且不同类型的集聚在其自身特点和持续发展潜力方面存在差异，因此难以得到完全令人满意的定义。目前，一个比较广为接受的对于“集聚”的定义来自Porter（1990），他认为“集聚是相互之间存在联系与互动的企业、专业化生产者、服务提供者、相关行业的企业和机构集中于一定的地理区域”，例如美国硅谷集中了大量的电子工业和计算机企业，底特律拥有众多的汽车生产企业，中国光谷是重要的电子信息产业和生物产业发展基地，昆山市是许多精密机械制造企业的所在地。

马歇尔（Marshall）是研究产业集聚的先驱。马歇尔在《经济学原理》（Marshall，1919）一书中提出，经济实现发展的重要特征之一是产业活动在空间上的集聚，即企业集中于特定区域、利用外部性来提高生产效率。马歇尔认为产业集聚的出现与发展依靠的是以下三个原因：高效的“投入-生产”网络的建立、劳动力市场共享和知识溢出。具体而言，第一，产业集聚有利于实现生产的分工与专业化，而分工与专业化能够直接提高生产效率，同时各企业在地理上的临近性尤其有利于服务、技术支持等不可储存的特殊投入品的生产和使用。第二，在区域内众多企业的共同作用下，具有不同技能的劳动者会被吸引并集中至此，从而使该区域具备了专业化、多样性且可由企业共享的劳动力储备，这将显著减少劳动力市场的匹配成本。第三，生产者之间能够通过非正式信息扩散的方式促进知识，尤其是非编码知识的外溢。上述外部规模经济效应推动产业集聚不断发展，而此类外部性也被称作“马歇尔外部性”（Marshallian externalities）。

在马歇尔开创性理论的基础上，许多学者就产业集聚现象从多个角度进行了进一步研究。Enright（1998）认为，企业集聚区域内存在共有的消费者群体和分销渠道，企业可借此维系相互之间的关联。Porter（1990）提出，在产业集聚的情形下，由竞争而产生的压力将促使企业进行创新或者进行产品和服务升级，从而将自身与竞争对手进行区分，因此集聚区的企业既相互竞争，也相互合作。Martin and Sunley（2003）认为在生产者与消费者之间的地理距离较近的情况下，消费者及时的反馈与要求能够促进生产者进行创新，并为创新指出新方向；生产者与消费者之间较近的地理距离还能有效降低生产者推广产品和寻找潜在客户的成本，而消费者之间的信息沟通与互换也有助于扩大消费者群体。Roberts et al.（2002）提出，如果生产-消费环节的各方参与者之间存在较为成熟的关系与社会网络，那么市场中的信息风险能够被有效降低。

2.3.2.2 金融集聚的产生与自我强化

早在1915年，Powell就对英国的银行机构集中于伦敦地区的现象进行了记录（Powell，1915）。Kindleberger（1974）则描述了金融市场参与者倾向于集中在特定区域进行交易的现象。学术界普遍认为金融集聚产生的原因在于产业集聚的形成和发展。第一，从金融服务的角度来看，随着产业集聚和生产专业化的发展，生产者对各种类型的金融服务产生了需求。在信息技术和交通运输尚不发达的年代，远距离往往意味着极高的时间与通勤成本，这不利于金融服务的提供者与使用者之间进行沟通，因此地理邻近性（geographic proximity）是金融机构需要重点关注的因素。出于节约时间和通勤成本以及充分利用需求侧优势的考虑，金融机构更愿意选址于距离产业集聚区——即金融服务的潜在使用者——较近的地方（O'Sullivan，

2011）。第二，从信息的角度来看，产业集聚之处往往也是各类信息集聚之处，Porteous称之为“信息腹地”（Porteous，1995）。为了更迅速地获取信息并且避免信息在传输过程中的损耗和失真，金融机构在选址时会尽量向“信息腹地”靠近。通过集聚于产业集聚处，金融机构能够更为高效便利地为企业提供金融服务，更快速准确地获取信息。由此，金融产业集聚的雏形就形成了。

金融集聚具有自我强化的特征。第一，金融集聚最直接的效果在于提升区域金融资源总量和提高区域金融市场的流动性。通过将私有部门储蓄进行汇集和分配，金融集聚能够促进资金在供给者和使用者之间进行流动、降低金融市场的交易成本（Kindleberger，1974），而市场流动性的提升和交易成本的降低将进一步吸引资金使用者进入该区域，这又会反过来吸引更多的金融机构进入该区域（Pandit et al.，2001）。第二，位于集聚区的金融机构可以与区域内的其他金融机构和非金融机构开展合作、共享基础设施、进行信息互换，从而使金融集聚表现出规模经济效应（Park and Essayyad，1989），而规模经济一旦产生，就会吸引更多的金融机构、相关辅助机构以及专业化劳动力进入到该特定地理空间，进一步实现效率的提升（Tschoegl，2000）。第三，成熟的金融集聚区往往具有较好的声誉（Roberts et al.，2000），能够为区域内的服务和产品质量进行背书；当金融机构入驻这些区域时，投资者和消费者更容易与其建立起相互信任，而这会进一步加强对其他金融机构的吸引力。

2.3.2.3 地理是否已死

随着经济全球化的推进、交通运输成本的下降以及信息通信技术（ICT）的迅速发展，货物运输、差旅通勤和人际沟通日益便捷。对此，一些经济地理学家认为这会使地理和区位因素对于许多经济活动的重要性减弱。例如O'Brien提出了著名的“地理已死”观点，认为由于交通运输和信息通信技术的发展大大降低了地理因素对商品、服务和信息交换的制约，地理区位对于金融产业而言不再至关重要，至少不像从前那样重要；通过对信息系统和计算机系统进行升级来实现业务的信息化转型，金融企业在地理区位选择方面的自由度可以大大提高；如果市场和法律规则也实现一体化，那么地理因素的实际价值及其在决策中的重要性必然不断下降（O'Brien，1992）。相应地，也有学者对上述观点表示反对。Martin（1994）认为O'Brien（1992）片面地关注技术的力量，却忽略了区域范围内独特的社会和经济因素，而这些社会和经济因素不会因为技术的发展而完全消失。

针对“地理是否已死”的辩论，学者们进行了持续的研究。例如，Agnes（2000）对澳大利亚远期利率市场的研究表明，银行的区域嵌入性（local embeddedness）在很大程度上影响这些银行从正规交易网络获取金融信息的速度，从而影响交易者的市场感知和交易策略；Grote（2009）对欧洲金融中心的集中化和虚拟化现象进行研究并提出，由于金融产业涉及的信息具有较高的复杂度，面对面的交流依然不可或缺，金融行业在地理上的集聚具有必要性；Almazan et al.（2010）发现，和位于非产业集聚地区的竞争对手相比，位于产业集聚区的企业会进行更多的并购活动、拥有更低的债务比率和更充足的现金余额，这是因为集聚区的企业能够更便捷地获取信息及所需资源；Zook and Grote（2016）认为，尽管信息技术的发展使市场信息更为公开化、信息传播更为迅速，然而不同距离带来的信息传递时间差依然存在，高频交易机构可以利用地理优势带来的微小信息传递时间差进行套利；Ling et al.（2019）发现房地产领域的机构投资者基于信息优势的考虑，更加倾向于对总部设在当地的企业进行投资，临近区的企业之间可以通过经常性的互动与沟通来增强彼此间的信任，建立起更好的声誉。总体来看，至少在当前阶段地理因素依然重要，产业集聚与金融集聚的趋势不减反增。

2.3.2.4　金融产业集聚效应与经济发展

基于前文的分析可以得出金融产业集聚对经济发展的影响路径。第一，金融集聚能够提升区域金融资源总量，并且通过在资金供给者和资金使用者之间建立起连接渠道来增强金融市场的流动性，为区域内的企业提供更多资金，对企业的运作和发展提供支持。第二，金融集聚的自我强化特征能够吸引更多金融机构和企业进入特定区域，进一步实现金融规模的扩张和区域产出规模的扩张，同时企业集聚有利于产生信息外部性和规模经济，并促进企业之间的竞争与合作，最终提高生产效率。第三，金融集聚使金融机构相互之间获得支持，实现信息交换与共享，同时使信息在金融机构与客户之间的传递更为高效，金融机构与客户都能利用信息做出更优决策。第四，进入集聚区的劳动者群体将形成不断增长的消费者群体，进一步扩大市场规模。从产业集聚效应的角度来看，金融集聚有利于区域经济发展。

2.4 城市中的金融集聚与科技创新

2.4.1 金融集聚与科技创新的城市化趋势

2.4.1.1 城市与金融集聚

金融集聚具有高度城市化和中心化的倾向（Porteous，1995；赵晓斌等，2002）。目前，伦敦、纽约、中国香港、东京、新加坡等城市已经发展成最为知名的国际金融中心，而中国的上海、深圳和北京等城市的影响力也日益增加。金融集聚城市化和中心化现象的产生与城市的特征高度相关。

（1）地理临近性对金融机构具有吸引力

城市作为人口和产业的集聚地，对金融服务有着更多的需求（O'Sullivan，2011）。金融服务一般具有不可储存的特征，服务的提供和使用同时发生，并且很多时候需要服务提供者和服务使用者面对面完成交易。金融服务的使用者基于节约通勤成本的考虑，更愿意选择临近或通达性更好的金融机构提供的服务，而金融机构为了利用地理临近性的优势，倾向于在城市中集聚。

（2）为金融机构提供运作基础

城市中的基础设施例如房屋、道路交通、电信通信设施和生活设施为金融机构的设立和运转，以及劳动者的工作和生活提供了基本的物质条件和利用地理临近性的机会；政府和城市管理者所提供的供水、供电、安保、法律和维持营商环境等公共服务则为金融机构的正常运营提供了必要的社会和经济环境；城市中的产业集聚和专业化分工使金融机构能够更便捷地与同业企业和非同业企业开展合作[1]。

---

[1] 就同业而言，金融机构可以进行信息共享，或是对某些项目进行共同融资。就非同业而言，金融机构运营活动离不开其他行业的支持，例如计算机信息通信行业的发展能提高金融机构收集信息的效率，法律、咨询等专业性的商业服务可以减轻金融机构与企业之间的信息不对称。

（3）使金融机构充分利用信息

城市是重要的信息生成中心，包括消费者信息、企业信息、行政决策和监管信息等等，而信息对于金融企业的业务运作和决策制定至关重要。从技术层面来看，城市的交通和信息基础设施更为完善，为金融机构迅速和准确地获取信息提供了物质基础。从创业和投资的角度来看，初创企业和高科技企业由于存在更为严重的信息不对称问题，比较难以获得资金支持；此时如果投资机构驻扎在离企业较近的位置，就可以通过更频繁的沟通获取信息、与企业建立信任、对自身的投资进行监管，甚至在必要时为企业提供运营支持（Horvath，2001）[1]。

（4）为金融机构提供劳动力基础

金融业务自身的复杂性以及与其他行业的相关性意味着金融机构对人才的需求涉及多个专业方向、多种层次，城市中的劳动力市场汇集使金融机构能够更高效地寻找到所需要的人才。

2.4.1.2　城市与科技创新

根据对历史经验的观察来看，创新主要发生于城市（Jacobs，1969），Florida et al.（2017）甚至更为激进地提出“创新需要城市”，而且将城市称为“创新机器”（innovation machine）。城市对于促进创新具有其独特的优势，这些优势主要体现为以下几点。

（1）创新一般发生在产业集聚处，而城市是产业集聚处

第一，当某个特定区域通过产业集聚使某种投入品具有规模经济后，区域内的企业就可以对投入品进行共享。例如在产业集聚区往往存在种类多样的投入品和多种类型的专业化劳动者（例如科研人员、商业运营人员、政府机构工作人员等）。当区域内的企业决定开展创新活动时，就可以迅速地获取所需投入品和劳动者工时，从而降低创新活动的成本（Porter，1998）。第二，在产业集聚处，劳动者与企业进行匹配时会表现得更加挑剔，这是因为等待其他企业的机会成本更低。尽管劳动者会更加挑剔，然而匹配一旦形成则具有更高的平均生产力（Berliant et

[1] 例如Kolympiris et al.(2011) 的研究发现美国生物技术领域的风险投资机构通常集中在企业周边半径10英里的范围之内。

al.，2006）。第三，在产业集聚处，劳动者更容易通过知识溢出提高人力资本，例如年轻的劳动者可以通过向更有经验的劳动者学习知识和经验来提升自己的技能（Glaeser，1999）。在共享、匹配和知识溢出三种机制的共同作用下，集聚区的企业能够更高效地进行创新工作，而城市正是产业集聚之处。

（2）城市有助于人力资本积累

第一，城市基础设施使显性知识[❶]的传播与获取效率大大提高。人们在学校、培训机构可以系统地学习知识，也可以在图书馆借阅书籍，或者通过互联网迅速查找资料。第二，由于隐性知识无法被记录下来，并且人力资本不具有可共享性，因此隐性知识的传播依然高度依赖于地理上的临近性，即需要知识接受者和知识传授者进行“面对面”的交流。城市中更多、更密集的人口、企业、工作岗位，乃至剧院、广场、购物中心、餐厅等娱乐休闲设施，为人们提供了充分的“从环境中学习”以及与他人进行面对面交流的机会，这能够促进隐性知识的传播，从而加快人力资本积累。由于经济生产效率以及社会所能提供的商品与劳动的质量是由劳动者实际具有的人力资本所决定的，因此，具有较高人力资本的劳动者可以提供高质量、高附加值的商品和服务。创新活动亦如此，良好的人力资本储备为创新活动提供充足的高素质劳动力供给，从而有利于实现高水平的创新。

（3）城市促进创造性想法的产生

第一，城市中具有更高比例的创意阶层（creative class），例如创业者、科学家、工程师、艺术家等等，这一群体具有更高的可能性去从事创造性工作。第二，城市中更多的“面对面”交流机会为人们提供了进行思想碰撞从而产生创造性想法的契机[❷]。第三，与传统社会相比，城市文化对创造性的想法和行为更具包容性（Florida，2017），使企业和劳动者更勇于从事创新活动，而包容性的文化氛围能够吸引更多的创意群体进入城市。

❶ Johnson et al.（2002）将知识区分为显性知识（codifiable knowledge）和隐性知识（tacit knowledge）。显性知识是可以被标准化、被记录下来的知识，例如制造技术和操作方法，这类知识能够得到较为便捷和准确的传播。隐性知识是难以标准化、难以被记录下来的知识，例如能力、技巧和决策经验，这类知识的传播通常需要知识接收者置身于特定的环境或者与他人进行面对面沟通。

❷ 例如苹果公司的联合创始人乔布斯（Steve Jobs）在帮助皮克斯（Pixar）动画工作室设计室内布局的时候，要求能够制造员工之间的偶然相遇和面对面沟通的机会。

（4）城市有助于创新生态系统的形成

科技创新活动可以理解为多部门、多产业协同创造价值的过程：金融行业为创新者提供资金支持，信息通信服务使创新者能够更高效地收集、整理和利用信息从而做出决策，法律、咨询、科技中介等商业服务能为创新者提供运营、技术评估、创业指导和成果转化方面的帮助，政府机构和城市管理者则提供制度、政策和法律保障。显然，一个成功的创新型城市的形成与发展并非易事，在这一过程中需要众多因素的共同作用。

对此，Carayannis and Campbell（2009）和Gawer and Cusumano（2014）等学者提出了“创新生态系统”（innovation ecosystem）这一概念。在创新生态系统中，物质资源、人力资本、产业组织、政策等要素围绕“促进创新”这一目标共同发挥作用，为创新活动的顺利开展提供多方位的支撑。根据创新生态系统理论，系统最重要的任务是促进各要素之间的互动、协同与演进，形成创新生态。城市是人、企业、政府机构和创新者等创新生态系统要素的集聚之地，也为这些要素之间的联结与沟通提供了基础，从而促进科技创新。

2.4.2 金融集聚对科技创新的影响

科技创新活动所具有的不同于一般经济活动的特点，使科技创新投资与普通投资之间存在较为明显的区别，因此传统的追求利润最大化的金融机构例如银行与保险公司不会将科技创新项目和创新企业作为投资首选，然而城市金融集聚现象的日益凸显对科技创新造成了新的影响。

2.4.2.1 金融集聚对科技创新的正面作用

金融集聚对科技创新的正面作用主要体现于三个方面。

（1）强化金融机构获取和甄别信息的能力

熊彼特（Schumpeter，1912）在论述金融机构对于实体经济的意义时谈到，银行等金融机构最为重要的功能之一在于筛选出最有可能实现产品与生产技术创新的企业家，从而实现资金的更高效配置。由此可见，信息的获取与甄别对于创新具有重大意义。

金融集聚能够有效降低获取信息的成本，使信息的获取更加准确有效，减少信息不对称。与知识类似，信息也可以分为显性与隐性两类。显性信息，例如创新者的基本信息、运营状况、项目介绍和研发计划等等，可以通过报告、报表、说明书等途径进行传递与沟通。相比之下，隐性信息，例如创新者的素质、能力、理念和心理状态等，则难以通过“标准化的”途径进行传递，然而对于创新投资而言，这些隐性信息也是重要的影响因素。金融集聚所带来的地理临近性有利于金融机构对显性信息进行核实、对隐性信息进行发掘。因此，金融集聚有助于金融机构对有潜力的创新者进行更有效的筛选与甄别，使资金流向能充分发挥其效能的科技创新项目。

（2）促进金融机构的效率提升

金融集聚通过创造竞争性的环境，能够推动金融机构强化甄别信息、发现和解决问题的能力，使资金流向更能发挥其价值之处，缓解金融市场中广泛存在的委托-代理冲突以及相关的道德风险和逆向选择问题。当较多相似或互补的金融机构在一定地理空间内共存时，每家机构都能更便捷而准确地对竞争对手的经营状况进行观察与评估，进而对自身的经营状况进行反思与改善，最终提高经营效率；这些比较与改进同样适用于金融机构所采用的技术手段、经营模式、管理理念等。上述理论机制得到了实证研究结果的支持，例如Molyneux and Shamroukh（1996）从产业集聚与博弈的视角提出，一些没有使用新技术的金融机构在看到其他金融机构采用新技术并盈利之后也会模仿与跟进，如果金融集聚使更多的金融机构看到同行采用新技术，那么会有更多的金融机构出于竞争压力而加入其中，最终实现整个行业的效率提升；Santomero and Trester（1998）发现金融创新可以降低沟通与资产交易的成本，这时金融机构将持有更多的高风险资产，允许更多的风险资本投资于创新领域。

（3）形成产业集群效应

金融机构的集聚使区域内的企业能够更高效地获取更多信息，产生“信息外部性”（Porteous，1995），从而做出更高效的经营管理和创新决策。当银行、会计、保险等金融机构集聚于特定区域时，潜在的创新者能够更为便利地获取不同类型的金融服务，使创新设想成为现实。金融集聚使金融机构之间相互合作、共享基础设施和信息互换成为可能。通过创造相互支持的经营环境，金融集聚能够强化金融机构分散风险的能力（Park and Essayyad，1989），这有利于缓解风险与不确定性对创新活动造成的融资约束。Pandit et al.（2001）认为，金融集聚使金融机构相互之间获得支持性的服务，这有利于提高金融机构自身的声誉，同时使信息在金融机构与客户之间的传递更为高效。

2.4.2.2 金融集聚对科技创新的负面作用

金融集聚可能对科技创新产生挤出作用。当众多金融机构集聚在特定地区时，每一家金融机构都需要面对来自区域内其他金融机构的更多竞争。在扩大市场份额和实现盈利的压力下，即使市场上存在一旦成功就会带来丰厚收益的科技创新项目，金融机构也会更愿意投资于周期短、风险低的项目，最终对科技创新产生挤出作用。如果金融行业内部的竞争压力足够大，而金融系统又缺乏有效的信号机制，那么这种挤出效应将更加严重。例如，Hsu et al.（2014）使用32个发达国家和新兴国家1976～2006年的数据、运用面板固定效应回归模型探讨金融市场对创新的影响，发现信贷市场规模的扩张对创新产生了负面影响，这可能是因为由银行主导的金融系统缺乏有效的价格信号（Rajan and Zingales，2001），使资本向具有盈利潜力的创新项目的流动受到限制。

2.4.3 金融集聚与科技创新促进城市经济发展的路径

金融集聚具有高度城市化和中心化的倾向，并且科技创新主要发生于城市。结合典型的城市总体生产函数$Y = A \times K^{\alpha} L^{1-\alpha}$，可以看出金融集聚和科技创新促进城市经济发展的可能路径。

（1）金融集聚与城市经济发展

金融集聚所带来的金融资源规模扩张将直接提高生产函数中的资本K。另一方面，如果金融集聚能够通过产业集聚效应实现外部规模经济，或者通过提高信息利用效率、降低交易成本和分散风险等方式使资金更高效地流向最优使用者，那么金融集聚还将提高生产函数中的技术水平A。因此金融集聚能够对城市经济发展产生直接推动作用。

（2）科技创新与城市经济发展

科技创新能够直接提升城市的技术水平A，从而推动城市经济发展。值得注意的是，当劳动力和资本供给较为充足、城市经济发展水平趋近于稳态时，城市的产出水平由技术水平所决定，因此科技创新对于城市实现长期经济发展具有至关重要的作用。

（3）金融集聚、科技创新与城市经济发展

金融集聚能够通过强化金融机构获取和甄别信息的能力、促进金融机构的效率提升和形成产业集群效应等方式，促进资金向科技创新领域流动，而科技创新将提高生产函数中的技术要素A。因此金融集聚能够通过促进科技创新对城市经济发展产生间接推动作用。

2.5 理论与文献评论及研究设想

在对相关文献进行整理和归纳之后，我们可以设想出一条理想化的城市发展路线：城市管理者通过吸引人口和经济资源进入城市、以提高城市承载能力的方式降低阻塞成本，就能够扩大城市规模，更好地实现集聚效应，而在这一过程中，金融集聚能够为资本积累和资源配置的效率提升做出积极贡献；当城市经济发展水平接近稳态时，通过进行自主科技创新，城市可以提高自身的技术水平，达到更高水平的稳态均衡；通过金融集聚促进科技创新，则能够使城市产生持续的技术进步，从而实现长期经济发展。

尽管理论和学术研究成果为中国城市未来的发展道路提供了指引，然而我们依然需要对过去的实际状况进行总结和评估，并进行进一步的思考，在这一过程中尤其应当注重结合我国的实际情况，具体分析如下。

2.5.1 中国城市规模分布的内在机制与外在表征

改革开放以来，我国的学术界与政界对城市规模和城市发展道路展开了持续探讨，尽管中央政府最终倾向于“控制大城市规模，合理发展中等城市，积极发展小城市”的政策路线，并于2019年再次提出“促进大中小城市协调发展”的政策意见，然而各方对于这一问题依然见仁见智。另一方面，在中国的整体城市化建设和地方经济发展过程中，体现政府意志的行政力量发挥着重要作用。在以经济建设为中心的国家发展路线和地方政府绩效考核制度下，中国的城市管理者在吸引人口和经济资源、城市建设以及科技创新等方面进行了大量投入，希望城市变得更大更强，而在实际工作中对人口、经济资源和经济建设成果的竞争最终常常转变为政策竞争。

然而如前文所述，从整个城市系统来看，城市规模分布的稳定性已经被许多研究所证实。此时需要理解的关键问题则是：城市规模分布的稳定性是否是一种由内在机制驱动的必然规律？更进一步地，中国的城市系统规模分布表现出怎样的特征？

如果城市规模分布是一种必然的规律，那么对城市发展路线的研究和制定，应当在理解、认识和尊重这一规律的基础上进行，学者和政策制定者需要对城市发展政策的有效性和局限性进行思考和评估。如果城市系统在规模分布和层级结构方面具有稳定性，那么，由于一国之内的资源禀赋（至少在一定时期内）总量有限，不同城市在规模、经济结构和发展方式等方面可能存在较为稳定的差异，城市经济发展可能面临因规律而产生的约束。在探讨以金融集聚和科技创新推动城市实现长期经济发展的可能路线时，应当将这些差异和约束考虑在内。

2.5.2 金融集聚与城市经济发展

一方面，如果基于集聚效应理论进行分析，显然可以得出金融集聚有利于经济发展的结论。另一方面，金融产业和金融资源的运作需要以金融系统为依托，因此对金融集聚的分析也需要考虑国家金融发展状况和金融发展政策造成的影响。就后者而言，由于长期以来国内外众多研究对金融发展与经济发展之间的关系持有积极态度，那么基于这些结论，政策制定者为了实现经济发展会主动采取措施用以推动金融发展，其中最常见的方式是扩大金融市场规模，尤其是信贷市场规模（Benczur et al.，2019）。然而“卢卡斯批评”指出，在某种政策体制下得到的对“经济方程的估计”在另一种政策体制下不太可能成立，这是因为市场参与者会在决策中将已知的信息，包括政策体制变动都纳入考虑（Lucas，1976）。当推动金融发展成为实现经济发展目标过程中长期且普遍的做法时，那么经过一段时间之后其效果将难以确定。与此同时，对于拥有“大政府”的国家而言，政府主导推动的金融发展不一定能够推动金融效率的提高，反而可能使政府变得更“大”。在我国，政策性因素一直在金融制度变迁和金融发展过程中发挥着重要影响，“价格机制对资源进行有效配置”这一假设并不完全符合我国国情，而我国学者在对金融发展与经济发展进行研究时也得到了不一致的结论。

在以我国城市为对象研究金融集聚时，政策性因素所发挥的影响可能被进一步放大。中国城市的行政建制以及市管县体系为地方政府的行政权力扩张提供了条件。为了推动城市经济发展，地方政府自然会将金融资源作为争夺目标，经济发展相对落后的城市在这方面甚至会更具动力。因此金融资源和金融产业在城市中的集聚，既有可能是基于经济发展的实际需求，也有可能是城市之间政策竞争的结果。

基于以上原因，金融集聚能在何种程度上推动中国城市经济发展值得进一步探讨，这也是探讨以金融集聚促进科技创新，从而推动长期经济发展的可能性时需要首先关注的问题。

2.5.3 以城市为对象的金融集聚与科技创新研究

章节2.5.2关注金融集聚对经济发展的直接作用效果，此外还需关注金融集聚通过科技创新促进经济发展这一间接作用。城市是金融资源的主要承载者，也是最重要的科技创新发源地；技术水平是长期经济发展的根本决定性因素，而科技创新能够提高技术水平。因此有必要对金融集聚促进科技创新从而推动城市经济实现长期发展的可能性进行探讨。值得注意的是，理论和实证研究表明金融集聚对科技创新既有正面作用，也有负面作用，因此其最终效果还有待进一步分析。

需要理解的第一个问题是金融集聚与科技创新之间的关系如何。近些年来，金融集聚与科技创新之间的关系开始受到学者们的关注，目前大多数相关实证研究使用省级数据（例如李胜旗和邓细林，2016；黎杰生和胡颖，2017；许梦楠等，2019；曲⊠，2022），也有部分研究使用城市数据（例如郭文伟和王文启，2018；孙建国和高岩，2019）。值得注意的是，第一，现有研究未能对两者之间的关系得出一致的结论。第二，由于金融资源和科技创新都呈现出在城市集中的趋势，因此，在对金融集聚与科技创新进行研究时，城市是更为合适的对象。第三，在以城市为对象的研究中普遍存在城市样本数量较少和（或）统计指标选取不当、统计口径不一致的问题，从而影响了实证结果的普遍适用性和可靠性。在已有文献的基础上，可以从扩大样本数量、厘清概念和数据口径等方面对实证方法进行改善。

需要理解的第二个问题是通过金融集聚促进科技创新从而推动城市经济发展的

具体方式。现有研究已经注意到金融集聚、科技创新和经济发展存在区域之间的异质性，城市层级的存在进一步凸显出对异质性进行关注的必要。如果不同层级的城市经济发展处于不同阶段，那么可能并非所有城市的经济发展都依靠创新驱动；如果城市规模分布是一种客观规律，那么并非所有城市都拥有足够的内在动力（必要性）和外在条件（资源禀赋）来从事科技创新。对这一问题的理解需要结合城市经济发展模式和城市规模进行综合分析。

2.5.4 市管县体系和户籍制度造成的影响

在以中国城市为对象研究经济问题时，我国独有的市管县体系和户籍制度常常使数据口径问题变得复杂而模糊。地级市所具有的双重属性造成的最直接影响就是在大多数统计资料中，地级市存在两组数据，一组以全市行政范围为统计口径，一组以市（辖）区为统计口径，两组指标既有重叠，也有差异。在一些重要的官方统计信息，例如国家统计局网站发布的城市数据中，地级市数据的统计口径为全市行政范围，在大多数新闻报道，甚至人们的日常交流中所提及的地级市在一般情况下也是指全市。然而由于市辖区也是重要的概念并且也有相应的统计数据，因此无论是在社会语境中还是学术研究中，都容易出现概念不清和统计口径不一致的问题[1]，例如在以地级市为对象的研究中，统计口径出现“全市”对“辖区”“辖区”对“辖区”的情况并不罕见，前者使数据口径不统一，后者则忽略了非辖区的情况。另一方面，行政区划调整和统计口径变动使城市数据在部分年份出现异动或缺失，此时，数据处理中常见的插值法、估算法和平滑法如果使用不当，可能使数据在较大程度上偏离真实情况。

除了行政区划外，我国的户籍制度对地级市人口统计口径也会产生影响。在大多数官方统计资料中，户籍人口是常见的人口统计指标，常住人口数据则相对少见（例如在以城市为对象的实证研究中频繁出现的《中国城市统计年鉴》收录的是户籍人口数）。近些年来我国人口的流动性逐渐增强，户籍人口数与常住人口数之间存在差距的现象愈发普遍，这一现象对于大城市而言更加突出（例如2019年末，北京市的户籍人口数为1397.4万，而常住人口数达到2190.1万），忽略两者之间的

[1] 另一个较为常见的概念是“城区”，对于城市规模的划分、例如“特大城市”“超大城市”，是以城区人口数为标准，在现有研究中“城区”的概念和口径常被混淆。

差异将对人口数据和人均数据造成较大的影响。

上述因素的存在意味着如果统计口径和数据处理方式选择不当，将会对实证研究结果的准确性造成影响。然而遗憾的是，本书作者在阅读文献的过程中发现这些因素并未得到足够的重视。在实证分析中应当对这些因素进行充分考虑，以保证实证结果的准确性。

3

城市人口和GDP规模分布机制及检验

3.1 幂律与城市规模分布的生成机制

3.2 对城市位序-规模分布研究的评论与拓展

3.3 对中国城市人口和GDP位序-规模分布的检验

3.4 对上尾城市的Gibrat定律检验

3.5 实证结果解读

城市均衡规模可以视作集聚效应和阻塞成本这两个经济因素权衡的结果。除了经济因素之外，行政因素对于城市规模也具有重要的影响。20世纪80年代以来，我国政府通过新设地级市、行政区划调整和户籍制度改革等方式改善地方治理，并建立起市管县体系，强化了行政力量对于城市体系管理的重要性。在实施以经济建设为中心的国家发展路线时，地方政府之间展开激烈的政策竞争，通过各种方式吸引人口和经济资源进入城市，以期通过人口和经济资源的集聚实现城市发展的规模效应，当前我国众多城市提出建设创新型城市和金融中心城市也是这一现象的具体表现。

以齐普夫定律为代表的城市规模分布理论表明，稳定的城市层级结构存在于许多国家，本章则以此为启发回答第1章所提出的问题一：我国城市人口和经济规模分布呈现何种状态，又经历了怎样的变迁？更具体地，以系统理论中的幂律分布理论为基础，对中国城市人口和GDP规模分布的形成机制做出分析并进行检验，其研究意义在于：① 能够直观地考察城市规模在经济因素和行政因素共同影响下的分布状态和变迁；② 如果城市规模分布表现出特定的特征或者遵循特定的规律，那么无论是研究者还是政策制定者都应当在认清这些特征和规律的基础上看待城市发展中出现的各种现象、研究或制定城市经济发展政策。

3.1 幂律与城市规模分布的生成机制

在关于城市规模分布的研究中，绝大多数学者基于齐普夫定律对城市人口规模分布进行检验。由于齐普夫定律是一种既定规则，因此对其进行直接运用所得到的结论更偏向于现象描述。为了更深刻地理解城市规模分布的特征和内在规律，还应当对城市规模分布的形成机制进行进一步分析。

3.1.1 系统与幂律分布

系统理论认为许多自然系统和人造系统中的元素在上尾符合幂律分布（power law distribution）（Clauset et al.，2009）。对于一个满足幂律分布的连续随机变量x，其值位于区间$[x,dx]$的概率为：

$$p(x)\mathrm{d}x = Cx^{-\alpha}，\ \forall x > x_{\min} \tag{3-1}$$

其中 $x_{\min}$ 为临界值。

根据概率密度函数的定义可知：

$$1 = \int_{x_{\min}}^{\infty} p(x)\mathrm{d}x = C\int_{x_{\min}}^{\infty} x^{-\alpha}\mathrm{d}x = \frac{C}{1-\alpha}[x^{-\alpha+1}]_{x_{\min}}^{\infty} \tag{3-2}$$

由式（3-2）可知 α 的取值应当大于1，否则方程右侧不会收敛。如果 $\alpha > 1$，那么由式（3-2）可得：

$$C = (\alpha - 1)x_{\min}^{\alpha-1} \tag{3-3}$$

将式（3-2）代入式（3-3）得到：

$$p(x) = \frac{\alpha-1}{x_{\min}}\left(\frac{x}{x_{\min}}\right)^{-\alpha} \tag{3-4}$$

从幂律分布中进行随机抽样，所得样本值大于x的概率为：

$$P(X > x) = \int_{x}^{\infty} p(x')\mathrm{d}x' = \frac{C}{\alpha-1}x^{-\alpha+1} = \left(\frac{x}{x_{\min}}\right)^{-\alpha+1} \tag{3-5}$$

该随机变量的互补累积分布函数同样符合幂律。

随机变量x的均值为：

$$mean(x) = \int_{x_{\min}}^{\infty} xp(x)\mathrm{d}x = C\int_{x_{\min}}^{\infty} x^{-\alpha+1}\mathrm{d}x = \frac{C}{2-\alpha}[x^{-\alpha+2}]_{x_{\min}}^{\infty} \tag{3-6}$$

当 $\alpha > 2$ 时，随机变量x存在有限均值。

将式（3-5）等号两边取自然对数可得：

$$\ln P(X > x) = K - (\alpha - 1)\ln x \tag{3-7}$$

其中 $K = (\alpha - 1)\ln x_{\min}$ 为常数。

式（3-5）意味着随机变量的取值x与该取值相对应的互补累积分布函数 $p(X > x)$ 之间呈对数线性关系。如果将随机变量的取值由高到低进行排序得到位序（*Rank*），那么位序将与互补累积分布函数值一一对应，因此随机变量的取值与位序之间也呈对数线性关系。

3.1.2 城市人口规模的幂律分布

幂律分布理论可以被应用于对城市系统的分析，Auerbach（1913）发现城市人口规模的上尾分布可以用帕累托分布（Pareto distribution）[1]进行描述。记城市人口规模为S，城市人口规模大于x的概率为：

$$P(S > x) = k / x^{\zeta}, \ \forall x > x_{\min} \tag{3-8}$$

其中k为常数，ζ称为帕累托指数。

式（3-5）与式（3-8）具有相同的形式。如前文所述，$P(S>x)$与位序一一对应且两者成比例，因此位序也是x的函数，将其记作$Rank(x)$。由于幂律指数（此处即帕累托指数ζ）独立于表达式中所使用的变量单位（Gabaix，2016），因此式（3-8）可以表述为

$$Rank(x) = a / x^{\zeta}, \ \forall x > x_{\min} \tag{3-9}$$

该式建立起位序与规模之间的幂律关系。

对式（3-9）两边取自然对数可以将其转化为如下线性形式

$$\ln(Rank) = \ln a - \zeta \ln x, \ \forall x > x_{\min} \tag{3-10}$$

式（3-10）可用于估算帕累托指数ζ。

齐普夫定律作为幂律分布中的特殊情形，可以表述为：城市人口规模分布服从帕累托分布，且帕累托指数ζ趋近于1，即：

$$Rank(S) = a / S \tag{3-11}$$

3.1.3 城市系统幂律分布的生成机制

城市人口规模分布的数理模型从城市人口的基本增长模式出发，提出如果城市规模遵循成比例随机增长（proportional random growth），那么城市规模的稳态分布将服从幂律分布（Gibrat，1931；Champernowne，1953；Simon，1955；

[1] 帕累托分布是一种幂律分布，由意大利经济学家Vilfredo Pareto于1906年提出，常被用于描述财富在人群间的分布。

Gabaix，2016）。数理模型具体描绘出城市规模分布的形成过程，并揭示出在何种情形下城市规模分布将符合或不符合幂律分布。

记城市i第t期的人口数为P_t^i，第t期的城市平均人口数为$\overline{P_t}$，定义$S_t^i = P_t^i / \overline{P_t}$为城市$i$第$t$期的标准化人口规模。记城市$i$从第$t$期到第$t$+1期的人口变动系数为$\gamma_{t+1}^i$，且

$$S_{t+1}^i = \gamma_{t+1}^i S_t^i \tag{3-12}$$

则γ_{t+1}^i为城市i的人口增长率。

假设γ_{t+1}^i至少在上尾为独立同分布，并记其概率密度函数为$f(\gamma)$。

城市规模分布的互补累积分布函数为：

$$F_t(x) = P(S_t^i > x) \tag{3-13}$$

其运动方程为：

$$\begin{aligned} F_{t+1}(x) = P(S_{t+1}^i > x) = P(\gamma_{t+1}^t S_t^i > x) = P\left(S_t^i > \frac{x}{\gamma_{t+1}^i}\right) \\ = \int_0^\infty F_t\left(\frac{x}{\gamma}\right) f(\gamma)\mathrm{d}\gamma \end{aligned} \tag{3-14}$$

如果城市规模分布存在稳态，根据稳态的定义可以得到：

$$F(S) = \int_0^\infty F\left(\frac{S}{\gamma}\right) f(\gamma)\mathrm{d}\gamma \tag{3-15}$$

方程（3-15）的一个解析解为：

$$F(S) = a / S^{\zeta} \tag{3-16}$$

将式（3-15）代入式（3-14）并利用$1 = \int_0^\infty f(\gamma)\mathrm{d}\gamma$可以得到：

$$E(\gamma^{\zeta}) = 1 \tag{3-17}$$

Gabaix（1999）证明，式（3-17）是方程（3-15）的唯一解，并且对于一个具有如下形式的随机过程：

$S_{t+1} \sim \gamma_{t+1} S_t$，其中$S_t > S_{\min}$且$\gamma$为独立同分布的随机变量

如果其分布存在稳态，那么这一稳态分布是指数为ζ的幂律分布，且ζ为方程（3-17）的正根。

上述对幂律分布的推导假设变动系数γ服从独立同分布。这一假设由Gibrat（1931）提出，也称为Gibrat定律。如果对方程（3-12）不作任何限制，那么根据中心极限定理，S_t^i的极限将服从对数正态分布，此时S_t^i不存在稳态分布，因此城市规模分布不会趋近于幂律。Champernowne（1953）证明，如果S_t^i的取值范围存在下限，即$S_t^i > S_{\min}$，那么S_t^i的极限将服从幂律分布；S_t^i的取值下限$S_{\min}$对应于方程（3-1）中的临界值。对于城市系统而言，这一下限限制的意义在于对城市规模设定了一个门槛。关于这一点，可以考虑一种具有现实意义的情形：规模过小的城市难以发挥集聚效应，与规模更大的城市相比，两者在规模变动方面具有结构性的差异。

值得注意的是，城市规模分布的幂律指数$\zeta > 1$，证明如下：式（3-7）与式（3-10）具有相同形式，因此$\zeta = \alpha - 1$。由式（3-6）可知当$\alpha > 2$时随机变量x存在有限均值，这对应于$\zeta > 1$。如果$\zeta \ll 1$，那么城市的规模分布不存在有限均值，此时（3-15）的成立前提“城市规模分布存在稳态”这一条件无法满足。

3.2 对城市位序-规模分布研究的评论与拓展

3.2.1 幂律分布、齐普夫定律与最优分布

齐普夫定律作为广为人知的经验规则，是城市人口位序-规模幂律分布的一种特殊情形，只有当“摩擦”足够小，即几乎所有城市的变动指数γ都服从独立同分布时，该定律才成立，此时帕累托指数趋近于1（Gabaix，2016）。然而如前文所述，幂律分布的成立只需上尾城市的变动指数γ服从独立同分布，因此并没有理由认为城市规模分布的帕累托指数一定趋近于1。针对不同国家、不同时期的研究表明，城市人口的位序-规模分布至少在上尾普遍符合幂律（Berry，1967；Guerin-Pace，1995；Knox and McCarthy，2005）。这些研究中的一部分显示帕累托指数接近于1，符合齐普夫定律，同时也有一部分显示帕累托指数显著偏离1。

有学者认为城市人口规模分布越接近齐普夫定律，则越接近于最优分布。然而这里应当注意的是，城市规模分布所讨论的摩擦与经济理论中所讨论的市场摩擦含

义并不相同。一般均衡理论假定经济体的总体生产函数规模收益不变，市场摩擦的存在使经济资源无法实现最优配置。然而对于城市而言，集聚效应使城市的总体生产函数表现出规模收益递增，因此只有在城市系统内部存在摩擦的情况下，城市才会形成稳定的规模分布，否则城市规模不会收敛。为了理解这一点，可以考虑一个具体的例子。假如一个城市规模过小，它将难以发挥集聚效应，此时小城市的居民可能搬迁至规模更大的城市，以期获得集聚效应带来的益处。另一方面，大城市虽然更能发挥集聚效应，然而由于因规模过大所造成的阻塞成本的存在，大城市的居民可能搬迁至规模更小的城市，以期获得小城市在生活成本等方面的优势。此时，大城市的阻塞成本以及小城市在生活成本等方面的优势共同构成了城市系统内部的“摩擦”，阻止小城市规模变得过小，也阻止大城市规模变得过大。假如上述摩擦不存在，大城市规模将无限扩大，而小城市将消失。由于城市规模可以视为在集聚效应和阻塞成本之间进行权衡的结果，因此很难直接判断其分布是否为最优。

3.2.2 基于幂律的城市GDP规模分布

在城市经济学研究中，人口规模分布的齐普夫定律是学者们关注的重点。然而由于幂律分布存在于许多自然系统和人造系统中，因此对城市人口位序-规模分布的研究思路可以拓展至除人口之外的其他要素。Watanabe（2015）以美国经济规模最大的366个城市为样本进行研究，发现这些城市的GDP位序-规模分布符合幂律，并认为出现这一现象是因为城市需要抵消因人口集聚带来的负外部性，从而将产出规模推至更高的水平。Watanabe（2015）同时提出，城市GDP的规模分布尚未受到学术界的关注。本书认为，除了人口数量之外，GDP也是衡量城市规模和发展水平的重要指标，因此有必要对城市GDP的规模分布进行探讨。

3.2.3 对中国城市规模分布的研究拓展

近些年来，国内学者开始关注中国城市的规模分布问题，其中绝大多数以齐普夫定律为基础探讨人口的规模-位序分布。这些研究对于理解中国城市问题具有积极的意义，然而一些局限性也是存在的。

（1）城市行政边界问题

城市作为具有行政属性的概念，其范围一般由其行政边界所决定，因此在进行数据统计和分析时，需要首先对“边界”进行明确。在已有的文献中，部分研究以地级及以上城市为对象，部分研究以县级及以上城市为对象，还有部分研究使用“城市”这一模糊的表述且数据处理方式不一。由于我国实行市管县体制，地级市存在“全市”和“辖区”两组口径，而地级市与县级市之间存在“同一指标，不同统计口径”的现象，因此在选择城市样本时应当特别留意行政边界与统计口径可能造成的影响。另一方面，在绝大多数情形下，学术研究、社会管理和公众语境中所讨论的“城市”是指作为行政区划建制的城市，而“行政建制”意味着国家权力和行政区划等级制度对城市的影响不容忽视。因此在进行样本选择、估算和结果解读时，应当将这些因素同时纳入考量。

（2）上尾样本分布

根据前文对幂律分布和城市系统规模分布成因的描述可知，一般情况下，随机变量在某个“门槛”$x_{\min}$之上符合幂律分布，即随机变量的上尾分布符合幂律分布。许多研究在估算帕累托指数时，直接对样本城市整体进行计算得到“帕累托指数”，而这可能造成一个问题：如果幂律分布只适用于描述部分样本，那么由整体样本计算所得到的结果并非有效的帕累托指数。

在许多情况下，城市系统整体的对数位序-对数规模曲线表现出凹性。针对这一现象，有研究在线性估计方程的基础上引入二次项和三次项，然而此类处理方法的本质是对整体样本的规模分布进行拟合，从而在某种程度上偏离了幂律分布的内涵——从前文的推导和方程（3-10）可知，幂律分布意味着位序的对数与规模的对数之间（至少在上尾）具有线性关系。因此本书认为在研究中应当重点关注城市系统的上尾分布，而对于曲线表现出的凹性应当理解为结构性变动。

（3）子样本选择

部分研究以城市子样本为对象，探讨较小区域内的城市规模分布特征。这里所说的子样本对应于由所有城市构成的总体样本、即城市系统，较小区域包括省和经济区等地理单位。对子样本进行规模分布特征分析时需要重点关注样本选择对结论有效性的影响，这一问题在以地级市为研究对象时更加突出，其原因主要有以下两点：① 样本数量有限：我国大多数省份的地级市数量在10～20之间，少数省份的地级市数量略高于20，样本数量有限意味着线性关系可能无法提供较好的拟合。

以经济区为研究对象时也可能出现这一问题。② 各省的省会或重要城市具有经济、社会和政治等方面的资源优势，其经济发展模式与其他城市之间存在差别，此类子样本规模分布不符合幂律分布的生成前提。

（4）对位序-规模分布的拓展应用

现有文献主要关注城市人口的规模分布，这可能是因为齐普夫定律为人口规模分布提供了较为有效的经验规则。有国内学者将位序-规模分布研究拓展至对GDP、建成区面积等对象并进行了有益的尝试，然而从现有文献来看，幂律分布的内在生成机制“成比例随机增长”并未受到重视，依然是将齐普夫定律作为经验规则的研究。

本章在接下来的实证研究中将对已有文献中存在的问题进行改进，对中国城市人口和GDP规模分布进行检验和分析。

3.3 对中国城市人口和GDP位序-规模分布的检验

3.3.1 模型设定、样本和数据

3.3.1.1 模型设定

现在基于前文的分析对城市人口和GDP的位序-规模分布进行检验。根据方程（3-10），建立起如下线性回归模型：

$$\ln RankPop = \alpha - \beta \ln Pop + \varepsilon \tag{3-18}$$

$$\ln RankGDP = \alpha - \beta \ln GDP + \varepsilon \tag{3-19}$$

回归分析使用年度截面数据，其中$RankPop$为城市人口数的位序，Pop为城市人口数，$RankGDP$为城市GDP的位序，GDP为城市GDP，α为常数项，ε为扰动项。β为幂律指数，即帕累托指数。如果城市规模分布符合幂律，那么一个有效的帕累托指数应当大于1。当帕累托指数更小时，不同位序的城市之间人口或GDP的规模差异更大，分布更加不均匀；当帕累托指数更大时，不同位序的城市之间人口或GDP的规模差异更小，分布更加均匀。对于每一年份的截面数据，都对整体城市样本和上尾城市样本分别进行检验。

3.3.1.2 统计指标选择

就现有文献而言，城市数据的统计口径有两方面容易混淆，一是区域范围，二是人口。为了避免削弱实证结果的可靠性，此处对统计口径进行简要梳理。

（1）区域范围统计口径

由于“市管县”体制的原因，目前在大多数统计资料中，地级市存在两组数据，一组以全市行政范围为统计口径，一组以市（辖）区为统计口径，两组数据所包含的指标存在部分重叠，也存在部分差异。“市”（全市）指城市的全部行政区域，地级及以上城市包括所辖或代管的市和县。“市（辖）区”是市不包含所辖或代管的市和县的部分。直辖市和较大的地级市可以对市区进行分区、设立辖区。目前我国除中山市、东莞市、嘉峪关市、儋州市和三沙市之外的地级及以上城市都设有市辖区。《中国城市统计年鉴》中地级及以上城市的大多数统计指标涵盖市和市（辖）区。

（2）人口统计口径

在人口统计资料中，常住人口和户籍人口两个统计口径同时存在。户籍人口是指在地方户籍管理部门进行过常住户口登记的人。根据定义，个人只要在某地区进行过常住户口登记，无论其是否在该地区居住，都被计入该地区的户籍人口。国家统计局、《中国统计年鉴》和《中国城市统计年鉴》所报告的人口数均为户籍人口数，各城市统计年鉴均收录户籍人口数。

常住人口，根据2014年《国务院关于调整城市规模划分标准的通知》，包括三种情形：① 居住在某地区，且户口也在该地区或者户口待定的人；② 居住在某地区，并且离开户口所在地的时间超过半年的人；③ 户口在某地区，且离开该地区不超过半年或者在境外工作学习的人。在早些年间，我国实行较为严格的户籍管理制度，人口流动性有限，常住人口数的重要性并不突出，加之人口抽样统计的工作量较大，因此只有少数规模较大、非本地户籍人口较多的城市从较早期开始报告常住人口数。自2006年起，大多数城市开始公布常住人口数据。常住人口指标的统计范围以全市为主，对市区和城区常住人口的报告较为少见。

伴随着经济发展，我国的社会流动性增强、公共交通基础设施日渐完善、户籍管理制度逐步松绑，而人口在不同城市和区域之间的迁徙，以及人与户口所在地分离已经成为一种普遍现象。在我国规模较大的城市中，常住人口数与户籍人口数存在明显的差距。常住人口是在行政区域内相对稳定地生活和从事生产活动的群体，因此是更为合适的度量人口规模的指标。在计算城市人均指标时，也应当使用常住人口数据。

3.3.1.3 样本和数据

（1）城市样本选择

大多数地级市自2006年开始收录常住人口数，在本书写作时2022年的数据较为全面。然而考虑到暴发于2020年的新冠疫情对国民经济和人口流动产生了巨大冲击，因此本书以2006年和2019年作为研究的两个时间点。样本包含《中国城市统计年鉴》中列出的所有地级市及以上城市，除去其中存在严重数据缺失并且无法使用已有统计资料进行数据推断的城市。

（2）数据及来源

① 人口。此处使用“全市常住人口”为城市人口数的统计口径，数据来源于城市统计年鉴和统计公报，部分数据通过地区生产总值和人均地区生产总值计算得出[❶]。

② 地区生产总值（GDP）。城市GDP的统计口径为“全市生产总值”，数据来源于城市统计年鉴和统计公报。

3.3.2 位序-规模分布检验结果

3.3.2.1 城市人口和GDP位序-规模分布图

首先通过绘制城市人口和GDP位序-规模分布的散点图来观察城市规模的大致

❶ 较早期的地区人均GDP一般按照户籍人口计算。根据国家统计局的要求，自2004年起，地区人均GDP以常住人口计算，2004年和2005年是过渡期。

分布状况。

图3-1和图3-2分别是2006年和2019年城市人口的对数位序-对数规模散点图。图形显示，上尾部分的位序和规模之间大致呈现对数线性关系，而下尾出现急剧的斜率变动；人口分布在一定规模水平表现出结构性变动。

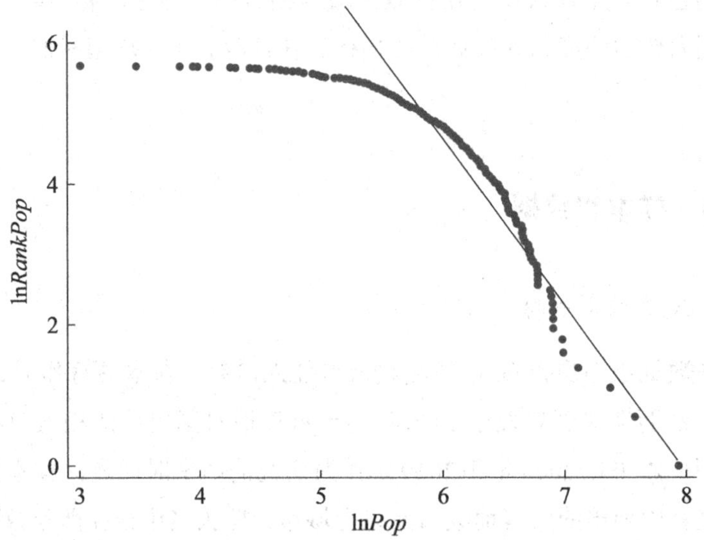

图3-1　2006年城市人口位序-规模分布

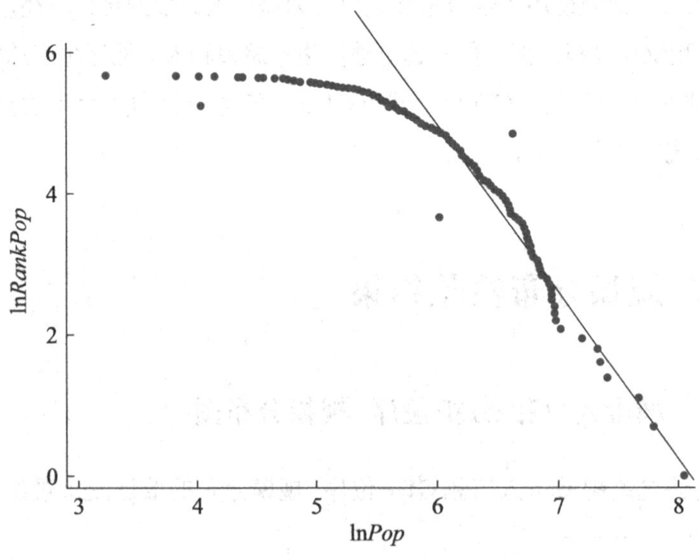

图3-2　2019年城市人口位序-规模分布

图3-3和图3-4分别是2006年和2019年城市GDP的对数位序-对数规模散点图，与人口规模分布类似，GDP的位序和规模同样表现出上尾的对数线性关系和下尾的急剧斜率变动；GDP分布在一定规模水平表现出结构性变动。

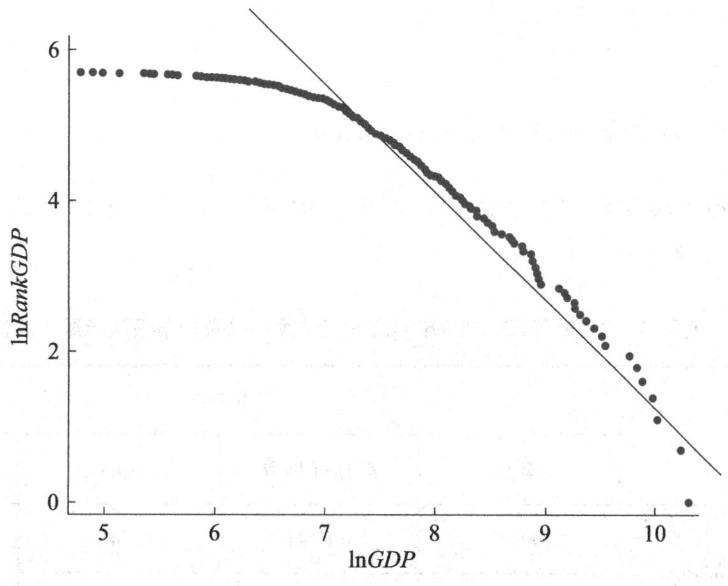

图3-3 2006年城市GDP位序-规模分布

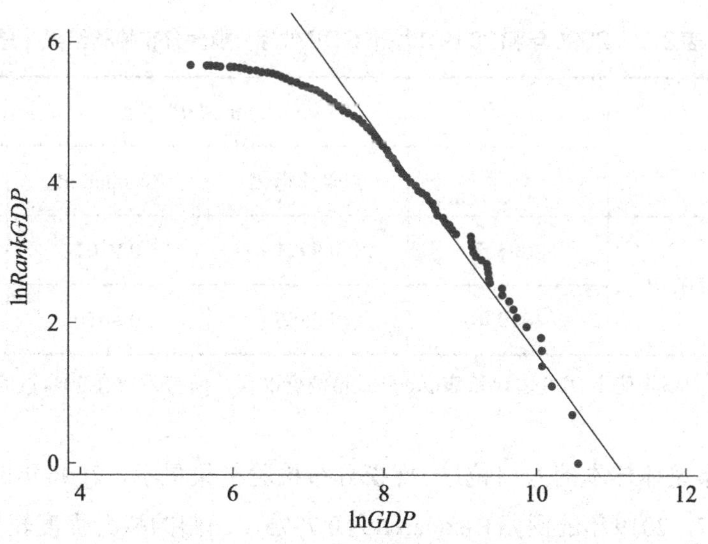

图3-4 2019年城市GDP位序-规模分布

人口规模和GDP规模在上尾表现出对数线性关系，这与幂律分布的形成前提相一致。在下尾出现的急剧斜率变动则需要对城市规模分布所必须满足的下限“门槛”进行关注。因此除了对城市整体样本位序-规模分布进行检验外，还需要对上尾城市样本做进一步的详细分析。

3.3.2.2 城市总体样本实证检验结果

2006年和2019年城市人口、城市GDP位序-规模分布检验结果（总体样本）见表3-1、表3-2。

表3-1 2006年和2019年城市人口位序-规模分布检验结果（总体样本）

	ln*Pop*			
	年份	帕累托指数	R-squared	样本数量
ln*RankPop*	2006年	0.8391	0.7467	285
	2019年	0.8062	0.7775	289

注：以上回归均使用OLS估计和White形式稳健标准误，所有系数在99%置信水平显著。

表3-2 2006年和2019年城市GDP位序-规模分布检验结果（总体样本）

	ln*GDP*			
	年份	帕累托指数	R-squared	样本数量
ln*RankGDP*	2006年	0.9971	0.9101	285
	2019年	0.9555	0.9050	289

注：以上回归均使用OLS估计和White形式稳健标准误，所有系数在99%置信水平显著。

城市整体样本的人口位序-规模分布检验结果显示，2006年的回归R-squared为0.7467，2019年的回归R-squared为0.7775，回归的拟合优度较好。然而由于人口分布在一定规模水平表现出结构性变动，因此对于整个城市系统而言，人口的位序-规模分布无法用幂律分布进行描述。由于一个有效的帕累托指数应当大于1，因此这里的帕累托指数估计值只能被视为对城市人口规模差异的衡量。2006年的帕累托指数为0.8391，2019年的帕累托指数为0.8062，这表明从2006年至2019年间，我国城市人口分布从总体上来看均匀程度有所下降，城市之间的人口规模差异变得更大。

城市整体样本的GDP位序-规模检验的结果显示，2006年的回归R-squared为0.9101，2019年的回归R-squared为0.9050，回归的拟合优度较好。然而由于GDP分布在一定规模水平表现出结构性变动，因此对于整个城市系统而言，GDP的位序-规模分布也无法用幂律分布进行描述。这里的帕累托指数估计值小于1，只能被理解为对城市GDP规模差异的衡量。2006年的帕累托指数为0.9971，2019年的帕累托指数为0.9555。从2006年至2019年帕累托指数的下降表明我国城市GDP规模分布从总体上来看，均匀程度略有下降，城市之间的GDP规模差异变得更大。

3.3.2.3 上尾城市样本实证检验结果

2006年和2019年城市人口、城市GDP位序-规模分布检验结果（上尾样本）见表3-3、表3-4。

表3-3 2006年和2019年城市人口位序-规模分布检验结果（上尾样本）

		ln*Pop*			
		2006年		2019年	
ln*RankPop*	上尾位序数	帕累托指数	R-squared	帕累托指数	R-squared
	50	3.0555	0.9401	2.7220	0.9644
	100	2.9728	0.9658	2.5760	0.9785
	150	2.5553	0.9515	2.3169	0.9696
	200	2.1674	0.9286	2.0120	0.9487
	250	1.7997	0.8916	1.7333	0.9212

注：以上回归均使用OLS估计和White形式稳健标准误，所有系数在99%置信水平显著。

表3-4　2006年和2019年城市GDP位序-规模分布检验结果（上尾样本）

		ln*GDP*			
		2006年		2019年	
ln*RankGDP*	上尾位序数	帕累托指数	R-squared	帕累托指数	R-squared
	50	1.7444	0.9908	1.5438	0.9655
	100	1.4443	0.9724	1.4118	0.9789
	150	1.3175	0.9719	1.3604	0.9835
	200	1.2798	0.9774	1.2632	0.9775
	250	1.1672	0.9619	1.1297	0.9568

注：以上回归均使用OLS估计和White形式稳健标准误，所有系数在99%置信水平显著。

对上尾城市的人口规模分布检验结果显示，回归的拟合优度有了明显提高，当所包括的上尾样本位序数不超过250时，R-squared大于0.92。与2006年相比，2019年的帕累托指数都出现了下降；对上尾城市样本的GDP规模分布检验结果显示，回归的拟合优度较好，R-squared均大于0.95。与2006年相比，2019年的帕累托指数多数出现了下降。

从2006年到2019年，多数情况下城市之间的人口和GDP规模分布都变得更加不均匀。唯一的例外是在引入位序101至150的城市后，人口规模分布变得更加不均匀，而GDP规模分布变得更加均匀，由此可以推测出位序101至150的城市经济发展程度比较均衡。这一结果还表明GDP规模并不必然受到人口规模的制约。

3.4　对上尾城市的Gibrat定律检验

整体样本的人口和GDP规模分布均表现出结构性变动，显然不符合幂律分布，然而上尾城市的人口和GDP规模分布是否符合幂律分布还需要进一步检验。本节按照如下方式选择上尾样本：将所有城市划分为上尾城市和下尾城市两种类型，如图3-5所示。对于人口规模，下尾城市定义为2019年常住人口少于250万的城市，共74座，其余为上尾城市；对于GDP规模，下尾城市定义为2019年GDP低于

1000亿元人民币的城市，共73座，其余为上尾城市。

$$所有城市\begin{cases}上尾城市\\下尾城市\end{cases}$$

图3-5 城市划分方法

以2019年数据为参照所选择的城市不会完全对应于2006年相应位序的城市，然而这不会影响对规模分布的研究，因为：① 尽管特定城市在规模分布中的位置可能出现变化，但城市系统的规模分布具有稳定性（Berry，1967）；② 从2006年到2019年，进入和离开上尾位序的城市数量有限且均为规模较小的城市，不会对城市的规模分布造成影响（Gabaix，1999）。

选择74座城市作为人口规模分布的下尾城市以及选择73座城市作为GDP规模分布的下尾城市主要基于以下考虑：① 3.3节对位序-规模分布检验结果显示，当上尾样本包括的城市规模位序数不超过200时，帕累托指数具有较为稳定的估计值且回归方程的拟合优度较好；② 少数小城市的进入和离开不会对规模分布造成影响（Gabaix，1999）。因此尽管这一选择并非精确的操作，却并不妨碍规模分布检验。

3.4.1 检验方法与模型设定

通过对幂律分布的推导可知，变动系数γ独立同分布是幂律分布成立的前提条件，这一条件被称为Gibrat定律。Gabaix（1999）对Gibrat定律在城市人口规模分布中的应用给出另一种表述：城市人口增长率与城市规模无关。基于这一表述并借鉴Watanabe（2015）的检验方法，本节建立如下线性回归方程用于检验Gibrat定律：

$$Pop = \alpha + \beta g_{Pop} + \varepsilon \tag{3-20}$$

$$GDP = \alpha + \beta g_{GDP} + \varepsilon \tag{3-21}$$

其中Pop为2006年城市人口数，g_{Pop}为2006年至2019年城市人口数的几何年均增长率；GDP为2006年城市GDP，g_{GDP}为2006年至2019年间城市GDP的几何年均增长率。如果回归系数β的估计值不具有统计显著性，即增长率与城市规模无关，那么Gibrat定律成立。

3.4.2 检验结果

上尾城市Gibrat定律检验结果见表3-5。

表3-5 上尾城市Gibrat定律检验结果

	Pop	*GDP*
β	155.4583*** (9.49)	–3752720 (0.31)
R-squared	0.0286	0.0113
样本数量	211	216

注：使用OLS估计，括号内为t值，其计算使用稳健标准误。*** 代表在99%置信水平显著。

结果显示，方程（3-20）回归所得系数为正，并且在99%置信水平显著，Gibrat定律不成立；城市人口增长率与城市人口规模正相关，大城市的人口增长速度更快；城市人口规模分布在上尾不符合幂律。方程（3-21）的回归系数不具有统计显著性，Gibrat定律成立；城市GDP增长率与城市GDP规模无关；可以认为城市GDP规模分布在上尾符合幂律。

3.5 实证结果解读

3.5.1 主要结果

对城市人口和GDP位序-规模分布的检验结果和Gibrat定律的检验结果可以总结为以下五点：

① 我国的城市系统表现出较为稳定的规模分布特征和层级结构。

② 对于整个城市系统而言，人口规模分布和GDP规模分布都不符合幂律分布，也不符合齐普夫定律。

③ 无论就人口规模还是GDP规模而言，位于城市层级底部的城市与位于更高层级的城市，两者的规模分布具有结构性差异。

④ 对上尾城市而言：a. 人口规模变动不符合Gibrat定律，人口数量多的城市具有更高的人口增长率，人口规模分布不符合幂律；b. GDP规模变动符合Gibrat定律，城市GDP增长率与城市经济规模无关，GDP规模分布符合幂律。

⑤ 从2006年到2019年，上尾城市人口分布变得更加不均匀，多数情况下GDP分布也变得更加不均匀。例外之处在于引入GDP位序101至150的城市之后，GDP分布变得更加均匀，这表明处于这一层级的城市经济发展程度比较均衡，GDP规模并不必然受到人口规模的制约。

3.5.2 结果解读

一方面，行政力量是我国城市发展的重要影响因素。另一方面，由于我国实行市场经济，市场是进行资源配置的主要途径，因此城市的发展不可避免地同时受到行政力量与市场力量的影响，而本章实证研究结果所对应的现象是我国城市发展过程中行政力量与市场力量共同作用的结果。

从我国城市体系的发展历史来看，地级市的出现和推广并非一个完全自发的过程，而是受到行政因素的重大影响。市管县体系使地级市政府的行政权力范围超越其辖区边界，并且其权力范围在制度上具有进一步扩张的可能性。通过切块设区、撤县（市）设区、将周边县（市）纳入管辖范围等方式，地级市政府可以扩大行政区划面积，增加行政区域内的人口，从而扩张行政权力。更大的行政权力意味着在资源配置方面的优势，因此地级市政府对于扩大管辖区域面积和人口规模具有强烈的动机，而地级市之间对资源的竞争直接体现为对行政区划面积和人口的竞争。在某种意义上，地级市可以被视为由多个人口集聚区域所组成的联合体，而该联合体的“参与者”数量、整体区划面积和人口数量在很大程度上由行政因素所决定。另一方面，尽管随着社会发展，人口在城市之间的流动性增强，然而户籍制度依然对人口流动施加着诸多限制。在上述行政因素的作用下，城市人口规模的变动并非随机，而这将导致本书的研究结果，即无论在整体或是在上尾，地级市的人口规模分布都不符合幂律。

在经济发展方面，市场经济意味着地级市需要作为“城市个体”参与市场竞争。在这一过程中，地级市政府为了招商引资、吸引机构和人才入驻，常常以提供优惠待遇、税收减免和非税激励，以及修建交通网络和产业园区等基础设施为主要方式。由于这些政策具有可复制性，经过一段时间后，城市之间的竞争将达到一种均衡状态。此时，经济资源的流向成了一种随机选择，其结果则表现为城市GDP规模分布（至少在上尾）符合幂律分布。

3.5.3 启示与意义

（1）尊重规律、认识城市系统演变趋势

从人口规模和GDP规模来看，我国的城市系统存在较为稳定的规模分布，大中小城市共存，而这也符合普遍意义上的城市系统内在规律。在制定城市发展政策时，需要认识并尊重这一规律。

上尾城市数量约为200个，占地级市中的绝大多数。按照当前的国家政策导向，可以预期在未来，人口在城市之间能够更为自由地流动，上尾城市人口规模分布将更加趋近于幂律分布，行政因素所造成的影响会减弱。上尾城市GDP规模符合幂律分布意味着这些城市之间对经济资源进行竞争的政策具有局限性。

（2）关注城市系统内部的结构化差异

上尾城市与下尾城市在人口规模和GDP规模方面表现出结构性差异。一方面，在学术研究和政策制定中需要考虑到不同城市在规模、经济结构和发展方式等方面可能存在的差异；另一方面，为了实现所有城市的共同发展，有必要对这一结构性差异进行研究与破解。

（3）积极探索新的经济发展方式

2022年，我国人口数量出现了自1962年以来的首次负增长，这引发了社会各界的广泛关注与担忧。但是我们需要认识到人口和GDP之间存在的一个根本差异：在经济发展阶段达到一定高度的情况下，由于在一定时期内一国的人口总量和人口自然增长率有限，部分城市人口数量的快速增加意味着必然有另一部分城市人口数量收缩，然而一国的GDP总量不会受到如人口总量一般的约束，人口规模收缩的城市依然可以通过优化经济发展方式实现GDP的持续增长。具体而言：

① 作为一个已被广泛证实的经验，随着经济发展水平的不断提高，人口自然增长率保持低位是一种普遍趋势（Galor，2012），在此背景下结合城市人口规模分布的内在机制，可以将城市的人口数量视为一种外生约束，以增加劳动力供给数量来提升经济规模这一思路所能发挥的效果有限，因此城市未来的经济发展需要更多

地依靠技术和资本等其他要素进行推动。

② GDP 总量不会受到如人口总量一般的制约，城市应当将经济发展重心依托于技术和资本要素，探索新的发展方式将生产可能性边界向外推动，而非过度关注人口规模的影响。

③ 一部分城市人口规模扩张和一部分城市人口规模收缩的现象在未来极有可能继续发生，各城市除了关注经济规模总量的增长之外，更加需要关注人均产出水平的提升。

4

科技创新与金融集聚对城市经济发展的影响

4.1 理论机制分析与问题的提出

4.1.1 资本和技术的重要性更加凸显

本书第3章的结论表明，中国城市的人口规模分布具有稳定性，这一稳定性与规模分布的生成机制、一国之内的人口总量限制以及人口自然增长率保持低位的趋势共同表明，城市人口数量可以被视为外生约束；另一方面，城市GDP却不会受到如人口数量一般的制约。在这一背景下，城市经济若要实现持续发展，则必然需要探索新的发展方式，即充分利用技术要素和资本要素，这进一步凸显了科技创新和金融集聚对于城市经济发展的重要性。

当前，中国的经济发展模式正处于向"创新驱动"深刻转型的阶段，这一阶段具有历史性的意义。从经济理论上来看，经过改革开放后四十多年的赶超和学习，中国的生产力水平已经逐渐接近全球技术前沿，通过继续学习和吸纳他国先进技术所能带来的技术水平提升空间日益有限，因此未来的技术进步将更多地依靠自主创新来实现；从现实层面来看，我国在一些高端技术领域正面临着学不会、做不了、买不到、拿不来的"卡脖子"问题，只有通过自主科技创新突破技术难关，才能够实现持续的（sustained）经济发展。城市一方面是重要的经济活动单元，另一方面也是主要的科技创新发源地。

除了科技创新之外，金融集聚也能通过增加资金供给、提高资源配置效率、分散风险、提高信息利用效率和形成自我强化的产业集聚效应等途径推动经济发展。随着时间的推移，金融集聚的城市化和中心化趋势更加明显。另一方面，金融作为一种重要的经济资源，自然成为地方政府重点关注和争取的对象，当前我国众多城市提出建设金融中心城市的设想在一定程度上是对这一现象的反映。

基于上述背景，本章将回答第1章所提出的问题二：对于我国城市而言，科技创新和金融集聚是否能够推动经济发展？

4.1.2 科技创新对城市经济发展的影响机制

关于科技创新对城市经济发展影响的理论机制可以总结为以下几个方面：

第一，科技创新与城市经济发展之间的关系较为明确：一个经济体在长期中的人均产出水平由技术水平所决定，而刻意的科技研发则能够提升技术水平（Solow，1965；Romer，1986），因此科技创新能够对城市经济发展产生直接推动作用。

第二，经济增长理论以及大量实证研究表明，自主创新对于不同经济体具有不同的意义：当经济体中的人均产出水平较低时，通过增加资本和劳动力投入就能够实现较为迅速的经济发展，然而当人均产出更加接近稳态时，技术进步的重要性更加突出（Solow，1965）；当经济体中的技术水平较低时，通过学习和采用现有技术就能够实现较为迅速的技术水平提升和经济发展，当技术水平接近全球技术前沿时，经济发展更加依靠创新驱动（Acemoglu et al.，2006）。

第三，根据章节2.1.2.3所描述的宏观城市经济学研究范式，上述结论可能同样适用于中国城市：① 城市系统规模分布和层级结构的稳定性意味着不同城市在经济规模、资源禀赋和发展方式等方面存在差异，并且这些差异在短时间内难以消除，因此科技创新对于不同的城市可能具有不同的意义；② 当城市的经济发展水平发生变动时，科技创新所产生的影响效果也会随时间而演变，城市可能从传统经济发展模式转向创新驱动型发展模式。

4.1.3 金融集聚对城市经济发展的影响机制

关于金融集聚对城市经济发展的影响需要综合考虑以下多个因素：

第一，金融集聚能够通过增加资本供给、产生外部规模经济效应、提高信息利用效率、降低交易成本和分散风险等方式对城市经济发展产生直接推动作用。因此，金融集聚可能对城市经济发展产生促进作用。

第二，金融发展与经济发展之间的基本经济关系可能随着时间而改变，这对应于“卢卡斯批评”（Lucas，1976）。根据Rousseau and Wachtel（2011）的总结，与20世纪60年代至80年代相比，20世纪90年代以来的研究显示金融发展与经济发展之间的正相关关系变得相对更弱，部分研究甚至显示出两者之间的负相关。

第三，金融对于经济发展的重要性随着经济发展阶段的提升而增加（Gurley and Shaw，1955）；对于城市而言，分析金融集聚对城市经济发展的影响需要关注不同城市之间的差异性。

第四，中国社会经济的个性特征可能对上述金融集聚与城市经济发展之间的关系产生影响，这是因为：① 中国金融市场的发展一直受到政策性因素的强烈影响，不完全符合“价格机制对资源进行有效配置”这一前提，针对中国金融发展和经济发展之间关系的研究常常得到不一致的结论；② 中国地方政府之间存在强烈的竞争关系（刘剑雄，2008；李永刚和管玥，2011），众多城市对金融资源的争夺在一定程度上是政策竞争的结果，不一定完全是基于经济发展的实际需求。

以上四个影响因素意味着目前还无法断定金融集聚是否会对中国城市经济发展产生推动作用，因此金融集聚对经济发展的实际作用还需进一步分析。

4.1.4 研究问题的提出

基于前文所述的背景和相关理论，有必要进一步研究科技创新和金融集聚对城市经济发展的影响，本章的实证研究从两个方面展开。

第一，对科技创新与城市经济发展之间的关系进行研究，具体问题包括：

① 科技创新能否直接推动城市经济发展？换言之，城市经济发展是否表现出创新驱动的特征？

② 科技创新对于不同类型的城市是否具有不同的意义？

③ 科技创新对城市经济发展的影响如何随时间而演变？

第二，对金融集聚与城市经济发展之间的关系进行研究，具体问题包括：

① 金融集聚能否直接推动城市经济发展？

② 金融集聚对于不同类型城市的经济发展是否产生不同效果？

③ 金融集聚对城市经济发展的影响如何随时间而演变？

本章的研究将我国城市化进程和城市治理体系可能造成的影响纳入考量，并结合第3章对城市规模分布的研究结果而展开。

4.2 样本与数据

4.2.1 样本与数据选择

在数据收集时需要兼顾数据的准确性、可获得性以及在城市间的可比性。由于更多的数据点意味着更多的信息，以及在计量模型构建上的更多可能性，因此作者在收集数据时希望涵盖更广的截面和时间维度。然而一些客观事实的存在对数据收集施加了诸多限制，这些客观事实主要涉及以下三个方面。

（1）地级市数量变动

1983年到2003年，全国地级市数量增加170个，几何年均增长率约为4.5%；在这一阶段的地级市数量调整中，东部、中部、西部和东北部四大经济区都有涉及。从2004年至今，地级市数量的增加明显放缓，这一阶段地级市数量新增仅十余座。

1983年至2003年的地级市数量迅速增加意味着，如果以近年的地级市名单为参照，这段时间内数据缺失和数据口径不一致的情况比较严重。此外，城市数量的迅速变动会对城市规模分布产生影响（Gabaix，1999）。因此在这一步，作者暂时将数据的时间起点设在2004年。

（2）统计数据缺失

在城市经济学相关研究中，常住人口数量是最为重要的统计指标之一。然而如第3章所述，多数城市自2006年起开始公布常住人口数据，因此本书将数据的时间起点设为2006年。在本书写作时，最近一期较为完整的数据来自2022年。

在所有的直辖市和地级市中，有11座地级市的设立是在2006年及以后。由于存在严重的数据缺失和统计口径不一致问题，这些新设的地级市不被包括在本书所使用的数据内。在更早设立的地级市中，有12座存在GDP和就业等重要统计数据缺失和统计口径不一致的情况，这些地级市不被包括在本书使用的数据内。

（3）新冠病毒疫情的影响

2020年初暴发的全球新冠病毒疫情对社会经济造成了巨大冲击，我国从2020

年初至2022年末处于疫情常态化防控时期，经济生产和人口流动都受到较为严格的管控，这一时期的经济运行情况与正常状态存在偏离。因此2020～2022年的数据不被包括在本书所使用的数据内。

基于数据收集的原则和数据收集过程中的实际情况，本书最终采用275个直辖市和地级市2006年至2019年的年度数据，构建截面维度N=275、时间维度T=14的非平衡面板数据集，并且将基于这一数据结构选择估计模型。

4.2.2 子样本划分

（1）截面维度

由于城市之间在规模、经济社会发展水平、行政等级等方面存在差异，因此除了对城市整体样本进行分析之外，还需要考虑城市之间所存在的差异。具体而言，可以划分出城市子样本，并对子样本进行分别考察。

第3章结论显示，城市规模分布在上尾和下尾具有不同的特征，因此本书首先将所有城市分为“上尾城市”和“下尾城市”。下尾城市的定义为2019年全市GDP小于1000亿元人民币的城市，总共67座[1]。随后将上尾城市进一步分为“中心城市”和“一般城市”。中心城市包括直辖市、省会城市、计划单列市，以及依照2019年城市GDP为标准、各省之中经济规模大于省会的城市，共39座。其余城市为一般城市，共169座。

中心城市均为国务院《创新型城市试点建设名单》中的城市，并且其中的大多数以政府文件形式提出建设国际级、国家级或区域金融中心。除此之外，这些中心城市从1993年4月到2015年2月均拥有地方立法权，其余城市中的绝大多数直到2015年3月《立法法》修改之后才逐步获得地方立法权，而根据分权理论，中央政府向地方政府的权力下放可以有效减轻中央政府与地方政府间的信息不对称（Tresch，1981），从而提高地方政府公共品的供给效率（Tiebout，1956）。

本书将对总体样本和三组截面维度子样本分别进行考察，城市子样本划分方法如图4-1所示。

---

[1] 此处下尾城市数量为67座，与第3章73座不一致，并非错误。此部分研究使用的指标更多，首先排除了数据严重缺失的城市，因此最终整体城市样本量小幅减少，下尾样本数也小幅减少。

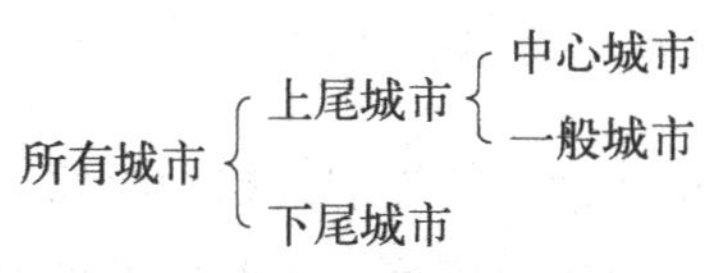

图4-1　城市子样本划分方法

（2）时间维度

2007年发生于美国的次贷危机在经济全球化的背景下迅速演化为2008年的全球性金融危机。外部经济的颓势对中国经济也造成了明显的负面影响，其主要表现为外需和出口的下降。这段时期中国财政政策和货币政策的调整值得关注。在2008年四季度之前，我国宏观经济政策以预防经济过热和预防通货膨胀为基调，2008年第四季度起，宏观经济目标转变为“保增长、扩内需、调结构”，并采取“更加积极的财政政策、适度宽松的货币政策”。从2008年至2010年，在外部冲击、扩张性的宏观经济政策与稳健的金融体系相结合的背景下，我国货币供给相对于实体经济需求而言较为充分。2010年10月，我国政府宣布退出全面抗击金融危机政策，再次回到金融危机之前的“积极的财政政策、稳健的货币政策”的松紧搭配的政策组合（刘伟，2015）。同样在2010年，我国设立首批国家创新型试点城市（区），这标志着我国自主科技创新战略进入新的阶段。

基于经济发展、金融政策和科技创新三方面的考虑，本书将对总体样本在时间维度进行进一步划分，对2006年至2010年、2011年至2019年的子样本分别进行考察。

4.3　对科技创新和金融集聚的衡量

4.3.1　对科技创新的衡量

探讨科技创新对城市经济发展的影响首先需要选择合适的指标用来衡量城市科技创新水平。根据Carlino and Kerr（2014）的总结，大多数研究使用以下三种指标对创新进行衡量：① 创新过程中的投入水平，例如研究与试验发展（R&D）经费；② 创新的市场化成果，例如发布的新产品数量；③ 创新的中间产品，例如专利数量。

（1）创新过程中的投入水平

在较早的文献中，由于创新结果的数据相对稀缺，从事研发工作的人数和研发支出常常被用来衡量创新活动的程度。然而这类指标所直接反映的是创新过程，而非创新的产出和最终结果。此外，创新活动的结果除了与人员和资金投入有关，也与人员的人力资本以及资金利用效率有关，而这一指标没有将这些因素考虑在内。

（2）创新的市场化成果

这一衡量方式的优势在于将创新成果的商业化价值考虑在内，其缺点则在于存在较严重的选择性偏误，新闻媒体对于选择哪些新产品进行报道具有一定的主观性。另一个缺陷在于部分创新成果尽管没有被商业化，但并不意味着没有在实际应用中发挥价值或者不存在商业潜力。

（3）专利数量

与创新过程中的投入水平和市场化成果相比，专利的优势在于其直接衡量了创新活动的结果，同时详细的微观层面资料也会被完全反映于专利信息之中，研究者可以对创新的性质有更清楚的了解。

综合上述分析可以看出，专利数量能够较为全面地反映创新成果。我国的专利分为发明、实用新型和外观设计三类，其中发明是指“对产品或生产方法提出具有独创性和突破性的改进或创造”，这一定义与本书所探讨的“科技创新”的定义非常接近，因此发明专利授权量可以用来反映科技创新水平。除此之外，与另外两类专利相比，发明专利具有更高的技术含量，拥有更高的授权标准，所受到的知识产权保护力度更大。

本书使用“对数化每万人发明专利授权量”作为城市科技创新水平的代理变量。一方面，经过人口数量加权的指标在城市之间具有可比性；另一方面，取对数可以将指数型数据转变为线性数据、提高线性计量模型的拟合程度、减少异方差性对模型估计效率的影响。发明专利授权量的统计口径为“全市”，人口以常住人口计算。

4.3.2 对金融集聚的衡量

目前学术界对金融集聚的测算主要借鉴产业集聚的测算方法。用于进行产业集聚程度测算的指标主要有以下四种：行业集中度（CR指数），区位基尼系数（包括Krugman提出的空间基尼系数、Elilsio和Glaeser提出的EG指数以及Maurel和Sedillot提出的MS指数），赫芬达指数（HHI指数）和区位熵（LQ指数）。其中CR指数只能反映被选中对象的状况，不具有普遍性；Krugman指数容易产生偏差；EG指数和MS指数同样容易产生偏差，并且其计算需要微观企业数据；HHI指数无法反映产业的区域相关性。区位熵指数也称生产的区域集中度指标或专门化率，用于测量某区域相对于“较大地理单位”（通常是国家、省或州）的产业专业化程度。区位熵（location quotient）的计算方式如下：

$$LQ_{ij} = \frac{\dfrac{q_{ij}}{q_j}}{\dfrac{q_i}{q}}$$

就某项指标而言（例如销售额），其中 q_{ij} 对应于 j 地区 i 产业；　　对应于 j 地区所有产业；q_i 对应于较大地理单位内的 i 产业；q 对应于较大地理单位内的所有产业。由定义可知，区位熵的本质为“比率的比率”。区位熵指标具有良好的统计特征，Billings and Johnson（2012）证明区位熵具有无偏性，这一特征只有在数据生成过程符合泊松分布的有限样本情况下例外。

区位熵指标的适用对象具有普遍性，其计算结果可以用于跨区域比较。区位熵值越高，地区产业集聚水平就越高，一般来说：当 $LQ_{ij}>1$ 时，可以认为 j 地区与较大的地理单位相比，其 i 产业具有更高的集聚程度；当 $LQ_{ij}<1$ 时，可以认为 j 地区与较大的地理单位相比，其 i 产业的集聚程度较弱。

结合可获得的城市数据，本书利用金融机构存贷款余额和金融行业从业人员数这两个指标计算区位熵，用以衡量城市金融集聚状况。这两个区位熵指标具有合理性和代表性，具体来说：① 由于发展中国家政府在推动金融发展过程中最常见的方式是扩大金融市场，尤其是信贷市场规模（Benczur et al.，2019），并且我国的金融体系以银行为主导的间接融资为主（张杰，2019），因此金融机构存贷款余额区位熵能够较好地从宏观角度反应金融资源集聚状况；② 行业从业人员数是一个能够反映行业用工状况和产业结构、具有市场性质的指标，因此金融行业从业人员数区位熵能够较好地从产业角度衡量金融集聚程度。

金融机构存贷款余额区位熵的计算方式为：

$$lqBalance_{i,t} = \frac{Balance_{i,t} / GDP_{i,t}}{Balance_t / GDP_t}$$

其中 $lqBalance_{i,t}$ 为 i 城市 t 时期金融机构存贷款余额的区位熵，$Balance_{i,t}$ 为 i 城市 t 时期金融机构存贷款余额，$GDP_{i,t}$ 为 i 城市 t 时期的GDP，$Balance_t$ 为 t 时期所有城市金融机构存贷款余额之和，GDP_t 为 t 时期所有城市GDP之和。

金融行业从业人员数区位熵的计算方式为：

$$lqFinance_{i,t} = \frac{Finance_{i,t} / Employ_{i,t}}{Finance_t / Employ_t}$$

其中 $lqFinance_{i,t}$ 为 i 城市 t 时期金融行业从业人员数的区位熵，$Finance_{i,t}$ 为 i 城市 t 时期金融行业从业人数，$Employ_{i,t}$ 为 i 城市 t 时期的从业总人数，$Finance_t$ 为 t 时期所有城市金融行业从业人员数之和，$Employ_t$ 为 t 时期所有城市从业总人数之和。

在上述指标中，所有城市之和被当作“较大地理单位”，与许多文献中使用全国作为“较大地理单位”的计算方式有所差别。自20世纪90年代起，我国的统计核算实行分级核算制度，因此地方数据与全国数据在统计口径和计算方式上存在细微差别。为了避免分级核算制度造成的影响，此处计算区位熵指标时统一使用城市数据。在用来计算区位熵指标的数据不存在缺失的情况下，计算所得结果不会对跨年度比较造成影响。

4.4 模型与变量

4.4.1 被解释变量和主要解释变量

经济发展是被解释变量，此处使用“对数化城市人均GDP”作为经济发展的代理变量。选取这一指标是因为：① 城市人口规模分布的内在机制和人口自然增长率保持低位的趋势意味着人口或劳动力可以被视为相对硬性的约束，未来一部分城市人口规模扩张和一部分城市人口规模收缩的现象极有可能继续发生，在这一背景下利用人均GDP进行研究对于未来的经济发展更具有指导意义。② 使用人均GDP指标使数据更具有跨区域的可比性。

科技创新和金融集聚是主要解释变量，指标选取和度量如章节4.3所述。

4.4.2 模型设定

为了考察科技创新与城市经济发展之间的关系，建立如下面板回归模型：

$$\ln GDP_{i,t} = \alpha + \beta \ln Patent_{i,t} + x'_{i,t}\zeta_{i,t} + u_i + v_t + \varepsilon_{i,t} \tag{4-1}$$

为了考察金融集聚与城市经济发展之间的关系，建立如下面板回归模型：

$$\ln GDP_{i,t} = \alpha + \beta lqBalance_{i,t} + x'_{i,t}\zeta_{i,t} + u_i + v_t + \varepsilon_{i,t} \tag{4-2}$$

$$\ln GDP_{i,t} = \alpha + \beta lqFinance_{i,t} + x'_{i,t}\zeta_{i,t} + u_i + v_t + \varepsilon_{i,t} \tag{4-3}$$

为了避免遗漏变量使模型估计造成偏差，还需对科技创新与金融集聚进行联合估计，建立如下面板回归模型：

$$\ln GDP_{i,t} = \alpha + \beta_1 \ln Patent_{i,t} + \beta_2 lqBalance_{i,t} + x'_{i,t}\zeta_{i,t} + u_i + v_t + \varepsilon_{i,t} \tag{4-4}$$

$$\ln GDP_{i,t} = \alpha + \beta_2 \ln Patent_{i,t} + \beta_2 lqFinance_{i,t} + x'_{i,t}\zeta_{i,t} + u_i + v_t + \varepsilon_{i,t} \tag{4-5}$$

其中，i代表城市个体，t代表时间维度。$\ln GDP_{i,t}$代表第i个城市第t期的对数人均GDP，是被解释变量，$\ln Patent_{i,t}$代表第i个城市第t期的对数每万人专利发明授权量，$lqBalance_{i,t}$代表第i个城市第t期金融机构存贷款余额区位熵，$lqFinance_{i,t}$代表第i个城市第t期金融行业从业人员数区位熵，$x_{i,t}$表示一系列控制变量，u_i代表第i个城市不可观测的个体效应，v_t代表第t期的时间效应，α为常数项，$\varepsilon_{i,t}$为扰动项。对于模型（4-1）至模型（4-5），除了对总体样本进行考察之外，还将从截面和时间维度对子样本分别进行考察。

4.4.3 控制变量

在模型（4-1）至模型（4-5）中，为了创造“其他条件相同（ceteris paribus）”的环境，使解释变量与主要被解释变量之间的关系不受其他因素干扰（Angrist and Pischke，2009），并减轻遗漏变量偏差对估计造成的影响，基于经济理论，引入一系列变量对城市特征进行控制：

ICT：*ICT*（information and communication technology）用来反映城市的信息通信基础设施建设水平。较高的信息通信基础设施建设水平有利于促进人际交流、提高经济运行效率、创造更多商业发展机会，同时还能通过加快知识、技术和理念的扩散来提高城市的技术水平、推动经济发展。移动电话覆盖率和互联网覆盖率是反映信息通信基础设施建设水平的有效指标，其计算方法为：

$$\text{移动电话覆盖率}=\frac{\text{移动电话年末用户数}}{\text{常住人口数}}$$

$$\text{互联网覆盖率}=\frac{\text{互联网宽带接入用户数}}{\text{常住人口数}}$$

与前文类似，首先对两个指标取对数。由于移动电话覆盖率和互联网覆盖率这两个指标具有较高的共线性，为了充分利用数据中包含的信息，同时避免因共线性对估计效率造成损失，此处利用主成分分析法（PCA）提取两者的第一主成分构建综合指标，并将其记为*ICT*。

ln*Density*：对数人口密度。一方面，一定程度的人口密度是城市集聚效应产生的必要条件，也是新的知识、技术和理念能够迅速产生和传播的基础，因此可能促进城市经济发展。另一方面，当人口密度过高时也可能引起阻塞成本增加，降低城市运行效率，从而妨碍城市经济发展。ln*Density*通过以下方式计算并取对数所得：

$$\text{人口密度}=\frac{\text{常住人口数}}{\text{行政区域面积}}$$

ln*FisExp*：对数人均财政支出。政府通过财政支出履行其基本职能、提供公共物品与服务并维持城市经济运转，通过政府购买和兴建基础设施等方式还能直接推动经济发展。

ln*FDI*：对数人均实际利用外资金额。外商直接投资可以直接增加城市的资本投入、推动经济发展，也可能通过技术溢出效应推动人力资本积累和技术水平提升（Sinani and Meyer，2004；Zhuang，2017）。

EduWage：每万人在校大学生数×对数平均工资。这一变量用作人力资本的代理变量。人力资本是经济发展和科技创新的重要影响因素，居民平均受教育年限是一个较为理想的人力资本代理变量。我国的人口普查资料和1%人口抽样调查资料中包括这一数据，然而多次调查之间相隔时间较久，且大多数城市并未公开详细数据，对此，多数文献使用人均在校大学生数作为替代。人均在校大学生数在一定

程度上反应了城市的教育资源，而高校教师是人力资源的承载者和重要培养者。由于在校大学生毕业后可能去往其他地区工作，此处基于以下两个原因，将每万人在校大学生数与城市居民平均工资对数的乘积用于衡量人力资本：① 高收入地区对人才具有更强的吸引力；② 平均工资可以理解为人均劳动边际产出，能够反映人力资本水平。

引入变量及其含义对照见表4-1。

表4-1 变量及含义对照表

变量类型	变量名	变量中文含义	原始数据单位
被解释变量	ln*GDP*	对数人均生产总值	万元
主要解释变量	ln*Patent*	对数每万人专利发明授权量	件
	lqBalance	金融机构存贷款余额区位熵	—
	lqFinance	金融行业从业人员数区位熵	—
控制变量	*ICT*	信息通信基础设施建设水平	%
	ln*Density*	对数人口密度	万人/km^2
	ln*FisExp*	对数人均财政支出	万元
	lnFDI	对数人均实际利用外资金额	万美元
	EduWage	每万人在校大学生数×对数平均工资	人×元

注：以上变量的统计口径为全市，人口数以常住人口计算。

4.4.4 数据来源

GDP、金融机构存贷款余额、从业人员数、行政区域面积、财政支出、实际利用外资金额、在校大学生数、平均工资、移动电话年末用户数和互联网宽带接入用户数来自《中国城市统计年鉴》和各省、市官方发布的统计年鉴。常住人口数据来自各省、市统计年鉴和统计公报，少数城市部分年份的数据由地区生产总值与人均地区生产总值计算所得。发明专利授权量数据来自各省、市统计年鉴，部分城市的数据由作者通过地方政府网站的政务公开途径进行索取。

4.5 模型估计中可能存在的问题及处理方法

基于计量经济学理论，本书着重关注面板数据计量模型估计中可能存在的问题，主要包括以下六个方面：

（1）对单位根和平稳性的处理

在对时间序列进行分析时，首先需要进行单位根和平稳性检验，否则可能出现伪回归问题，而面板数据是否需要进行面板单位根和平稳性检验则取决于数据结构。Phillips and Moon（2000）认为在大N小T的情况下进行面板回归，不会发生时间序列模型中的伪回归问题。Baltagi（2005）进一步指出，在大N小T的情况下，面板数据即使进行伪回归也会得到一致估计，这是因为面板估计量会对个体取平均值，同时截面中包含的信息远大于时间序列所包含的信息。另一方面，当时间维度T较小时（一般以T不超过15为标准），面板单位跟检验具有较低的功效（power），几乎总是不可能拒绝原假设。因此对于本书使用的截面维度N=275（三组子样本分别为39、169和67）、时间维度T=14的面板数据而言，无需进行单位根和平稳性检验，可以直接进行面板回归。

（2）对个体效应模型的选择

对于本章所使用的面板数据而言，个体效应回归模型（包括固定效应模型和随机效应模型）是一个较好的选择，这是因为：① 可以消除不可观测的个体效应所产生的影响，从而进一步减轻遗漏变量偏差；② 个体效应回归模型具有一致性，可以得到对参数的一致估计；③ 就数据结构而言，个体效应回归模型适用于非平衡面板数据（Wooldridge，2002）。

在进行估计时，首先需要选择合适的个体效应模型，常见方式是采用Hausman检验。由于原始的Hausman检验不适用于存在异方差的情形，本书使用Wooldridge（2002）提出的基于过度识别的检验，具体操作方法为：首先使用随机效应模型对方程进行估计，随后对“个体效应与解释变量无关”这一约束条件进行过度识别检验（Hansen，1982），得到Hansen J-统计量和p值。

（3）对异方差的处理

当扰动项存在异方差时，个体效应面板回归依然能够得到一致估计，然而估计效率和统计检验的结果会受到影响。为了应对这一问题，本书在估计中使用由

Liang and Zeger（1986）提出的White形式聚类稳健标准误。

（4）稳健性检验

稳健性检验主要有两个目的：① 对回归方程的结构稳定性（structural stability）进行检测，即考察方程在不同环境下是否能够得到稳定的结果；② 当结果在不同的环境下出现差异时，对潜在影响因素进行进一步分析（Goupy，2005）。基于这一思路并结合研究目的，本书采用两种方式进行稳健性检验，一是进行子样本划分，对总体和子样本进行分别考察，二是使用金融机构存贷款余额和金融行业从业人员数这两个指标对金融集聚进行度量；其中，进行子样本划分的稳健性检验同样适用于控制变量。本书不采用研究中较为常见的逐步加入控制变量的方法，这是因为在缺少控制变量的情况下极有可能产生遗漏变量偏差，无法得到对系数的一致估计（Lu and White，2014）。

（5）对共线性的处理

当变量之间存在较高的相关性时，计量模型可能出现共线性问题。在模型设定准确的情况下，共线性不会对无偏性或一致性造成影响，主要影响估计的有效性，其最常见的表现为在更换变量或引入新变量后，估计系数（estimated coefficient）的统计显著性出现较大波动。当这种情况出现时，本书对变量之间的相关性进行分析，如有必要则在剔除相关变量后重新进行估计。

（6）内生性问题

通过引入控制变量、消除不可观测的个体效应和使用合适的模型对参数进行一致估计，可以对解释变量和被解释变量之间的关系做出较为准确的判断。然而解释变量与被解释变量之间的关系可能依然存在内生性（反向因果），对因果关系的推断需要进一步结合理论，或者采取相应的计量方法。

4.6 实证分析结果

所有城市2006～2019年、2006～2010年、2011～2019年科技创新和金融集聚对经济发展回归实证分析结果见表4-2～表4-4。

表4-2展示了使用2006～2019年所有城市数据的回归分析结果。面板数据固定效应估计结果中报告的R^2-within与OLS估计结果中的R^2具有相似的统计意义，由此可以看出模型具有较好的解释力。从总体上来看，科技创新与经济发展水平之间呈现显著的正相关，然而金融集聚——无论以存贷款余额还是从业人员数衡量——都与经济发展水平之间呈现出显著的负相关。在控制变量中，信息通信基础设施建设水平、财政支出、利用外资、人力资本与经济发展水平之间呈现显著的正相关，人口密度与经济发展水平之间呈现显著的负相关。

表4-2 科技创新和金融集聚对经济发展回归（所有城市，2006～2019年）

	被解释变量：ln*GDP*/对数人均生产总值				
	（1）	（2）	（3）	（4）	（5）
ln*Patent*	0.0328*** （4.23）	—	—	0.0293*** （4.56）	0.0308*** （4.12）
lqBalance	—	-0.3449*** （-3.26）	—	-0.3381*** （-3.18）	—
lqFinance	—	—	-0.0730*** （-4.57）	—	0.0711*** （-4.58）
ICT	0.0895*** （7.16）	0.1000*** （7.54）	0.0902*** （7.32）	0.0974*** （7.36）	0.0879*** （7.16）
ln*Density*	-0.1886** （-2.12）	-0.2534** （-2.40）	-0.1947** （-2.14）	-0.2460** （-2.38）	-0.1895** （-2.12）
ln*FisExp*	0.1687*** （8.12）	0.1330*** （6.01）	0.1705*** （8.83）	0.1292*** （5.52）	0.1676*** （8.34）
ln*FDI*	0.0265*** （2.80）	0.0202** （2.14）	0.0274*** （2.89）	0.0193** （2.04）	0.0261*** （2.77）
EduWage	1.3096*** （3.68）	1.0344*** （2.89）	1.4552*** （4.13）	1.0175*** （2.92）	1.3904*** （4.05）
常数项	7.8933*** （24.79）	8.1458*** （20.99）	7.8290*** （23.69）	8.2847*** （21.60）	7.9628*** （24.49）
个体效应	固定效应	固定效应	固定效应	固定效应	固定效应
时间效应	控制	控制	控制	控制	控制
R^2-within	0.9088	0.9203	0.9087	0.9211	0.9100
样本数量	3464	3492	3492	3460	3460

注：1.*、**和***分别代表在90%、95%和99%置信水平显著。

2.括号内为t统计量，其计算使用回归系数的White形式稳健标准误。

表4-3展示了使用2006～2010年所有城市数据的回归分析结果。对所有样本城市而言，2006～2010年，科技创新水平与经济发展水平之间没有表现出统计显著的相关性。以存贷款余额衡量的金融集聚与经济发展水平之间呈现出显著的负相关，以从业人员数衡量的金融集聚与经济发展水平之间没有表现出统计显著的关系。在控制变量中，财政支出、利用外资与经济发展水平之间呈现显著的正相关，人口密度与经济发展水平之间呈现显著的负相关，信息通讯基础设施建设水平、人力资本与经济发展水平之间没有表现出具有统计显著性的关系。

表4-3　科技创新和金融集聚对经济发展回归（所有城市，2006～2010年）

	被解释变量：ln*GDP*/对数人均生产总值				
	（1）	（2）	（3）	（4）	（5）
ln*Patent*	0.0073 （−1.35）	—	—	−0.0051 （−1.18）	−0.0073 （−1.33）
lqBalance	—	−0.3701*** （−7.19）	—	−0.3672*** （−7.14）	—
lqFinance	—	—	0.0411 （1.55）	—	0.0403 （1.49）
ICT	0.0057 （0.91）	0.0078 （1.25）	0.0051 （0.86）	0.0084 （1.33）	0.0061 （0.98）
Density	−0.7123*** （−10.32）	−0.7565*** （−11.84）	−0.7068*** （−10.41）	−0.7600*** （−11.88）	−0.7109*** （−10.25）
ln*FisExp*	0.1854*** （4.02）	0.1963*** （5.83）	0.1867*** （4.07）	0.1950*** （5.72）	0.1852*** （3.99）
ln*FDI*	0.0129** （2.32）	0.0100** （2.49）	0.0160** （2.32）	0.0106** （2.52）	0.0132** （2.33）
EduWage	0.4945 （1.45）	0.1432 （0.44）	0.4823 （1.42）	0.1476 （0.45）	0.4896 （1.42）
常数项	5.7294*** （23.69）	5.8127*** （29.98）	5.7055*** （23.97）	5.8097*** （29.26）	5.6953*** （22.90）
个体效应	固定效应	固定效应	固定效应	固定效应	固定效应
时间效应	控制	控制	控制	控制	控制
R^2-within	0.9442	0.9580	0.9444	0.9580	0.9445
样本数量	1215	1233	1233	1215	1215

注：1.*、**和***分别代表在90%、95%和99%置信水平显著。

2.括号内为t统计量，其计算使用回归系数的White形式稳健标准误。

表4-4展示了使用2011～2019年所有城市数据的回归分析结果。值得注意的是，将模型（1）、模型（2）和模型（4）进行对比可以推测出存贷款余额区位商与利用外资之间存在一定的共线性，从而使变量ln*FDI*估计系数及其统计显著性发生了波动。由于变量之间的共线性会降低估计效率，因此对ln*FDI*变量在模型（2）和（4）中的估计结果不予采纳，对模型（1）、（3）、（5）中的估计结果予以采纳，认为利用外资与经济发展水平呈现显著正相关。

表4-4 科技创新和金融集聚对经济发展回归（所有城市，2011～2019年）

	被解释变量：ln*GDP*/对数人均生产总值				
	（1）	（2）	（3）	（4）	（5）
ln*Patent*	0.0392*** （3.98）	—	—	0.0337*** （3.92）	0.0383*** （3.91）
lqBalance	—	−0.2981** （−2.39）	—	−0.2958** （−2.34）	—
lqFinance	—	—	−0.0811*** （−5.03）	—	−0.0812*** （−5.16）
ICT	0.0940*** （5.34）	0.1002*** （5.78）	0.0934*** （5.31）	0.0983*** （5.76）	0.0903*** （5.26）
ln*Density*	0.0366 （0.50）	0.0160 （0.33）	0.0493 （0.73）	0.0144 （0.30）	0.0470 （0.68）
ln*FisExp*	0.0938*** （5.93）	0.0624*** （3.17）	0.0949*** （6.41）	0.0565*** （2.76）	0.0915*** （5.94）
ln*FDI*	0.0273** （2.17）	0.0216* （1.68）	0.0285** （2.28）	0.0204 （1.58）	0.0267** （2.13）
EduWage	1.7490*** （3.85）	1.0702** （2.15）	1.9324*** （4.19）	1.0277** （2.13）	1.8207*** （4.00）
常数项	9.6631*** （35.75）	10.0641*** （35.76）	9.7018*** （39.57）	10.1721*** （35.23）	9.8004*** （38.39）
个体效应	固定效应	固定效应	固定效应	固定效应	固定效应
时间效应	控制	控制	控制	控制	控制
R^2-within	0.6198	0.6586	0.6197	0.6638	0.6263
样本数量	2249	2259	2259	2249	2249

注：1.*、**和***分别代表在90%、95%和99%置信水平显著。

2.括号内为*t*统计量，其计算使用回归系数的White形式稳健标准误。

对所有样本城市而言，2011～2019年，科技创新与经济发展水平之间呈现显著正相关。与表4-2结果类似，金融集聚——无论以存贷款余额还是从业人员数衡量——都与经济发展水平之间呈现出显著的负相关。在控制变量中，信息通信基础设施建设水平、财政支出、利用外资、人力资本与经济发展水平正相关，人口密度与经济发展水平之间没有表现出统计显著的相关性。

中心城市2006～2019年、2006～2010年、2011～2019年科技创新和金融集聚对经济发展回归实证分析结果见表4-5～表4-7。

表4-5展示了使用中心城市2006～2019年数据的回归分析结果。对于中心城市而言，从总体上来看，科技创新与经济发展水平之间呈现显著的正相关，然而主要解释变量金融集聚与经济发展水平之间无关或呈现出显著的负相关。在控制变量中，信息通讯基础设施建设水平、财政支出、利用外资、人力资本与经济发展水平之间呈现显著的正相关，人口密度与经济发展水平之间表现出显著的负相关。

表4-5 科技创新和金融集聚对经济发展回归（中心城市，2006～2019年）

	被解释变量：ln*GDP*/对数人均生产总值				
	（1）	（2）	（3）	（4）	（5）
ln*Patent*	0.0530** （2.19）	—	—	0.0496** （2.24）	0.0512** （2.09）
lqBalance	—	–0.2123*** （–2.64）	—	–0.2028*** （–2.59）	—
lqFinance	—	—	–0.0596* （–1.78）	—	–0.0550 （–1.61）
ICT	0.034** （2.28）	0.0447*** （3.41）	0.0368** （2.55）	0.0399*** （2.94）	0.0330** （2.20）
ln*Density*	–0.4142*** （–4.74）	–0.4786*** （–6.43）	–0.4441*** （–5.23）	–0.4512*** （–6.22）	–0.4182*** （–4.81）
ln*FisExp*	0.1935*** （2.75）	0.1752*** （2.92）	0.1946*** （3.18）	0.1747*** （2.63）	0.1937*** （2.96）
ln*FDI*	0.0362** （2.19）	0.0322* （1.95）	0.0390** （2.25）	0.0288* （1.82）	0.0354** （2.16）
EduWage	1.1511*** （3.33）	1.4470*** （3.34）	1.5974*** （3.35）	1.4336*** （3.39）	1.5409*** （3.41）
常数项	7.4089*** （16.18）	7.6282*** （20.67）	7.2977*** （17.99）	7.7704*** （17.70）	7.4529*** （16.20）
个体效应	固定效应	固定效应	固定效应	固定效应	固定效应
时间效应	控制	控制	控制	控制	控制
R^2-within	0.9597	0.9635	0.9583	0.9650	0.9603
样本数量	517	521	521	517	517

注：1.*、** 和 *** 分别代表在90%、95%和99%置信水平显著。

2.括号内为*t*统计量，其计算使用回归系数的White形式稳健标准误。

表4-6展示了使用中心城市2006～2010年数据的回归分析结果。对于中心城市而言，2006～2010年，科技创新与经济发展水平之间没有表现出统计显著的相关性，主要解释变量金融集聚与经济发展水平之间无关或呈现出显著的负相关。在控制变量中，财政支出、人力资本与经济发展水平之间呈现显著的正相关，信息通讯基础设施建设水平、利用外资与经济发展水平无关，人口密度与经济发展水平之间表现出显著的负相关。

表4-6 科技创新和金融集聚对经济发展回归（中心城市，2006～2010年）

	被解释变量：ln*GDP*/对数人均生产总值				
	（1）	（2）	（3）	（4）	（5）
ln*Patent*	0.0106 （0.31）	—	—	0.0118 （0.35）	0.0107 （0.31）
lqBalance	—	–0.2124*** （–3.66）	—	–0.2127*** （–3.71）	—
lqFinance	—	—	–0.0176 （–0.38）	—	–0.0179 （–0.39）
ICT	0.0108 （1.05）	0.0121 （1.42）	0.0117 （1.24）	0.0111 （1.31）	0.0108 （1.06）
ln*Density*	–0.4640*** （–5.34）	–0.5676*** （–6.63）	–0.4819*** （–6.89）	–0.5501*** （–5.20）	–0.4660*** （–5.37）
ln*FisExp*	0.3323*** （6.62）	0.2670*** （5.54）	0.3226*** （6.16）	0.2760*** （5.63）	0.3307*** （6.57）
ln*FDI*	0.0077 （0.43）	0.0132 （1.01）	0.0086 （0.51）	0.0121 （0.84）	0.0075 （0.43）
EduWage	1.0255** （2.03）	0.8486* （1.75）	1.0161** （2.04）	0.8579* （1.75）	1.0247** （2.03）
常数项	6.2444*** （16.86）	6.7466*** （19.25）	6.2923*** （16.27）	6.7444*** （19.53）	6.2899*** （16.42）
个体效应	固定效应	固定效应	固定效应	固定效应	固定效应
时间效应	控制	控制	控制	控制	控制
R^2-within	0.9640	0.9710	0.9640	0.9711	0.9641
样本数量	185	185	185	185	185

注：1.*、**和***分别代表在90%、95%和99%置信水平显著。

2.括号内为*t*统计量，其计算使用回归系数的White形式稳健标准误。

表4-7展示了使用中心城市2011～2019年数据的回归分析结果。对于中心城市而言，2011～2019年，科技创新与经济发展水平之间具有统计显著的正相关性。主要解释变量中，以存贷款余额衡量的金融集聚与经济发展水平之间呈现显著的负相关，以从业人员数衡量的金融集聚与经济发展水平无关。在控制变量中，财政支出、利用外资、人力资本与经济发展水平呈现显著正相关，信息通讯基础设施建设水平、人口密度与经济发展水平无关。与表4-4类似，对于ln*FDI*变量，对模型（1）、（3）、（5）的估计结果予以采纳。

表4-7　科技创新和金融集聚对经济发展回归（中心城市，2011～2019年）

	被解释变量：ln*GDP*/对数人均生产总值				
	（1）	（2）	（3）	（4）	（5）
ln*Patent*	0.0610* （1.81）	—	—	0.0523* （1.83）	0.0590* （1.72）
lqBalance	—	–0.2140* （–1.95）	—	–0.1982* （–1.92）	—
lqFinance	—	—	–0.0611 （–1.67）	—	–0.0543 （–1.47）
ICT	0.0211 （0.92）	0.0220 （0.98）	0.0053 （0.22）	0.0309 （1.51）	0.0154 （0.68）
ln*Density*	0.2826 （1.10）	0.1786 （0.73）	0.2350 （0.94）	0.2239 （0.88）	0.2865 （1.14）
ln*FisExp*	0.1054** （2.00）	0.1017** （2.22）	0.1034** （2.29）	0.0968** （1.97）	0.1015** （2.02）
ln*FDI*	0.0273* （1.77）	0.0266* （1.65）	0.0324* （1.83）	0.0212 （1.46）	0.0262* （1.76）
EduWage	1.1472** （2.42）	1.2405*** （3.06）	1.5513*** （2.94）	0.9905** （2.52）	1.1912** （2.54）
常数项	10.5482*** （14.26）	10.6188*** （13.85）	10.4775*** （14.11）	10.78678*** （13.36）	10.6597*** （14.20）
个体效应	固定效应	固定效应	固定效应	固定效应	固定效应
时间效应	控制	控制	控制	控制	控制
R^2-within	0.8605	0.8776	0.8531	0.8836	0.8628
样本数量	332	336	336	332	332

注：1.*、**和***分别代表在90%、95%和99%置信水平显著。

2.括号内为*t*统计量，其计算使用回归系数的White形式稳健标准误。

一般城市2006～2019年、2006～2010年、2011～2019年科技创新和金融集聚对经济发展回归实证分析结果见表4-8～表4-10。

表4-8报告了使用一般城市2006～2019年数据的回归分析结果。对于一般城市而言，2006～2019年，科技创新与经济发展水平之间表现出统计显著的正相关性。主要解释变量中，以存贷款余额和从业人员数衡量的金融集聚与经济发展水平之间都呈现显著负相关。在控制变量中，信息通信基础设施建设水平、财政支出、利用外资与经济发展水平呈现显著正相关，人口密度、人力资本与经济发展水平之间没有表现出显著的相关性。

表4-8　科技创新和金融集聚对经济发展回归（一般城市，2006～2019年）

	被解释变量：ln*GDP*/对数人均生产总值				
	（1）	（2）	（3）	（4）	（5）
ln*Patent*	0.0265*** （2.79）	—	—	0.0256*** （3.00）	0.0257*** （2.76）
lqBalance	—	–0.2502** （–2.21）	—	–0.2454** （–2.16）	—
lqFinance	—	—	–0.0554*** （–2.65）	—	–0.0553*** （–2.75）
ICT	0.0818*** （6.06）	0.0867*** （6.34）	0.0822*** （6.09）	0.0853*** （6.31）	0.0807*** （6.07）
ln*Density*	–0.1059 （–1.34）	–0.0978 （–1.22）	–0.1040 （–1.32）	–0.0980 （–1.24）	–0.1057 （–1.36）
ln*FisExp*	0.1628*** （5.73）	0.1520*** （5.99）	0.1630*** （6.27）	0.1484*** （5.35）	0.1607*** （5.74）
ln*FDI*	0.0267*** （3.26）	0.0254*** （3.42）	0.0287*** （3.28）	0.0241*** （3.42）	0.0270*** （3.29）
EduWage	–0.3406 （–0.43）	–0.2403 （–0.35）	–0.2709 （–0.35）	–0.3056 （–0.46）	–0.3393 （–0.45）
常数项	8.1823*** （29.35）	8.3868*** （26.61）	8.1571*** （27.93）	8.4996*** （26.79）	8.2599*** （28.39）
个体效应	固定效应	固定效应	固定效应	固定效应	固定效应
时间效应	控制	控制	控制	控制	控制
R^2-within	0.9463	0.9514	0.9461	0.9520	0.9470
样本数量	2247	2254	2254	2247	2247

注：1.*、**和***分别代表在90%、95%和99%置信水平显著。

2.括号内为t统计量，其计算使用回归系数的White形式稳健标准误。

表4-9报告了使用一般城市2006～2010年数据的回归分析结果。对于一般城市而言，从2006～2010年，科技创新与经济发展水平之间没有表现出显著的相关性。主要解释变量中，以存贷款余额衡量的金融集聚与经济发展水平之间呈现显著负相关，以从业人员数衡量的金融集聚与经济发展水平无关。在控制变量中，财政支出、利用外资与经济发展水平呈现显著正相关，信息通讯基础设施建设水平、人力资本与经济发展水平之间没有表现出显著的相关性，人口密度与经济发展水平之间表现出显著的负相关。

表4-9 科技创新和金融集聚对经济发展回归（一般城市，2006～2010年）

	被解释变量：ln*GDP*/对数人均生产总值				
	（1）	（2）	（3）	（4）	（5）
ln*Patent*	0.0004 （–0.07）	—	—	0.0000 （0.01）	–0.0003 （–0.05）
lqBalance	—	–0.5375*** （–5.37）	—	–0.5368*** （–5.35）	—
lqFinance	—	—	0.0189 （0.63）	—	0.0192 （0.64）
ICT	0.0024 （0.33）	0.0049 （0.71）	0.0021 （0.29）	0.0052 （0.76）	0.0025 （0.34）
ln*Density*	–0.9122*** （–8.33）	–0.8096*** （–9.69）	–0.9074*** （–8.43）	–0.8090*** （–9.63）	–0.9068*** （–8.38）
ln*FisExp*	0.1740*** （2.86）	0.1841*** （5.17）	0.1739*** （2.85）	0.1845*** （5.15）	0.1747*** （2.85）
ln*FDI*	0.0138* （1.93）	0.0097* （1.83）	0.0142** （2.01）	0.0082* （1.72）	0.0139* （1.94）
EduWage	–0.5566 （–0.33）	0.1594 （0.18）	–0.5892 （–0.34）	0.1786 （0.20）	–0.5784 （–0.34）
常数项	5.1897*** （14.79）	5.8314*** （21.66）	5.1843*** （14.92）	5.8250*** （21.35）	5.1833*** （14.76）
个体效应	固定效应	固定效应	固定效应	固定效应	固定效应
时间效应	控制	控制	控制	控制	控制
R^2-within	0.9438	0.9608	0.9438	0.9608	0.9439
样本数量	794	797	797	794	794

注：1.*、**和***分别代表在90%、95%和99%置信水平显著。

2.括号内为t统计量，其计算使用回归系数的White形式稳健标准误。

表4-10展示了使用一般城市2011～2019年数据的回归分析结果。对于一般城市而言，2011～2019年，科技创新与经济发展水平之间呈现显著正相关。主要解释变量中，以存贷款余额衡量的金融集聚与经济发展水平无关，以从业人员数衡量的金融集聚与经济发展水平呈现显著的负相关。在控制变量中，信息通信基础设施建设水平、财政支出、利用外资与经济发展水平呈现显著正相关，人口密度、人力资本与经济发展水平之间没有表现出显著的相关性。

表4-10 科技创新和金融集聚对经济发展回归（一般城市，2011～2019年）

	被解释变量：ln*GDP*/对数人均生产总值				
	（1）	（2）	（3）	（4）	（5）
ln*Patent*	0.0304** （2.37）	—	—	0.0297** （2.43）	0.0305** （2.43）
lqBalance	—	–0.1583 （–1.58）	—	–0.1560 （–1.55）	—
lqFinance	—	—	–0.0633*** （–3.31）	—	–0.0646*** （–3.54）
ICT	0.0730*** （4.83）	0.0789*** （5.13）	0.0732*** （4.91）	0.0780*** （5.08）	0.0703*** （4.84）
ln*Density*	–0.0580 （–1.28）	–0.0446 （–1.02）	–0.0456 （–1.09）	–0.0470 （–1.09）	–0.0479 （–1.17）
ln*FisExp*	0.0699*** （3.45）	0.0654*** （3.40）	0.0715*** （3.84）	0.0596*** （2.91）	0.0680*** （3.34）
ln*FDI*	0.0251** （2.51）	0.0236** （2.57）	0.0268** （2.53）	0.0231*** （2.60）	0.0258** （2.56）
EduWage	1.0400 （1.14）	0.9605 （1.08）	0.9425 （1.07）	0.9353 （1.10）	0.9129 （1.10）
常数项	9.5287*** （49.93）	9.6656*** （42.02）	9.5550*** （51.99）	9.7640*** （41.53）	9.6413*** （49.93）
个体效应	固定效应	固定效应	固定效应	固定效应	固定效应
时间效应	控制	控制	控制	控制	控制
R^2-within	0.8199	0.8291	0.8195	0.8329	0.8241
样本数量	1453	1457	1457	1453	1453

注：1.*、**和***分别代表在90%、95%和99%置信水平显著。

2.括号内为*t*统计量，其计算使用回归系数的White形式稳健标准误。

下尾城市2006～2019年、2006～2010年、2011～2019年科技创新和金融集聚对经济发展回归实证分析结果见表4-11～表4-13。

表4-11展示了使用2006年至2019年下尾城市数据的实证分析结果。模型（4）和（5）中，科技创新与经济发展水平之间没有表现出显著的相关性。金融集聚与经济发展水平之间呈现出显著的负相关。在控制变量中，信息通信基础设施建设水平、财政支出和人力资本与经济发展水平之间呈现显著的正相关，人口密度、利用外资与经济发展水平之间没有表现出显著的相关性。

表4-11 科技创新和金融集聚对经济发展回归（下尾城市，2006～2019年）

	被解释变量：ln*GDP*/对数人均生产总值				
	（1）	（2）	（3）	（4）	（5）
ln*Patent*	0.0290* （1.83）	—	—	0.0083 （0.72）	0.0245 （1.60）
lqBalance	—	–0.9631*** （–3.79）	—	–0.9599*** （–3.69）	—
lqFinance	—	—	–0.1049*** （–2.90）	—	–0.1039*** （–2.82）
ICT	0.1174*** （2.58）	0.1090*** （3.54）	0.1054** （2.44）	0.1083*** （3.52）	0.1117** （2.56）
ln*Density*	0.0963 （0.47）	–0.2386 （–1.21）	0.1092 （0.53）	–0.2352 （–1.19）	0.0957 （0.49）
ln*FisExp*	0.1537*** （3.48）	0.0640 （1.27）	0.1588*** （3.80）	0.0631 （1.21）	0.1534*** （3.69）
ln*FDI*	0.0088 （0.38）	–0.0104 （–0.46）	0.0082 （0.36）	–0.0104 （–0.45）	0.0087 （0.38）
EduWage	2.0560 （1.54）	2.7762*** （4.33）	3.3246*** （2.88）	2.6707*** （3.88）	2.8534** （2.49）
常数项	8.9380*** （9.37）	8.8266*** （13.46）	8.9443*** （9.40）	8.8800*** （13.47）	9.0138*** （9.86）
个体效应	固定效应	固定效应	固定效应	固定效应	固定效应
时间效应	控制	控制	控制	控制	控制
R^2-within	0.7791	0.8618	0.7860	0.8578	0.7825
样本数量	700	717	717	700	700

注：1.*、**和***分别代表在90%、95%和99%置信水平显著。

2.括号内为t统计量，其计算使用回归系数的White形式稳健标准误。

值得注意的是模型（1）中变量ln*Patent*和*EduWage*的系数，以及模型（2）和（4）中变量ln*FisExp*的系数。如前文所述，模型（1）可能存在遗漏变量偏差，因此模型（4）和（5）的结果更为可信。ln*FisExp*系数的统计显著性在引入ln*Balance*后表现出明显的波动，据此推测财政支出与存贷款余额之间存在高度的共线性，因此对模型（2）和（4）中ln*FisExp*的估计结果不予采纳，对模型（1）、(3)、(5）中ln*FisExp*的估计结果予以采纳，认为财政支出与经济发展水平呈现显著正相关。

表4-12展示了使用2006～2010年下尾城市数据的实证分析结果。对于下尾城市而言，2006～2010年，科技创新与经济发展水平之间没有表现出统计显著的关系。主要解释变量中，以存贷款余额衡量的金融集聚与经济发展水平呈显著负相关，以从业人员数衡量的金融集聚与经济发展水平呈显著正相关。在控制变量中，财政支出与经济发展水平呈现显著正相关，其他变量与经济发展水平之间均没有表现出统计显著的关系。

表4-12　科技创新和金融集聚对经济发展回归（下尾城市，2006～2010年）

	被解释变量：ln*GDP*/对数人均生产总值				
	（1）	（2）	（3）	（4）	（5）
ln*Patent*	–0.0121 （–1.13）	—	—	–0.0094 （–1.31）	–0.0138 （–1.28）
lqBalance	—	–0.5822*** （–7.45）	—	–0.5698*** （–7.28）	—
lqFinance	—	—	0.1364*** （2.85）	—	0.1453*** （2.96）
ICT	–0.0095 （–0.63）	0.0155 （1.61）	–0.1111 （–0.84）	0.0169 （1.65）	–0.0090 （–0.65）
ln*Density*	–0.1398 （–0.55）	–0.1969 （–1.15）	–0.1040 （–0.47）	–0.1985 （–1.13）	–0.0915 （–0.41）
ln*FisExp*	0.1177* （1.94）	0.1668*** （4.34）	00967* （1.86）	0.1605*** （4.05）	0.0893* （1.64）
ln*FDI*	0.0060 （0.79）	0.0011 （0.24）	0.0058 （0.85）	0.0024 （0.44）	0.0071 （0.86）
EduWage	–1.8968 （–1.02）	1.8408 （1.12）	–1.5694 （–1.02）	1.6696 （1.01）	–1.9026 （–1.28）
常数项	7.7934*** （6.81）	7.7126*** （11.15）	7.9894*** （8.04）	7.7270*** （10.46）	8.0546*** （7.60）
个体效应	固定效应	固定效应	固定效应	固定效应	固定效应
时间效应	控制	控制	控制	控制	控制
R^2-within	0.9420	0.9708	0.9466	0.9707	0.9474
样本数量	236	251	251	236	236

注：1.*、**和***分别代表在90%、95%和99%置信水平显著。

2.括号内为*t*统计量，其计算使用回归系数的White形式稳健标准误。

表4-13展示了使用2011～2019年下尾城市数据的实证分析结果。对于下尾城市而言，2006～2010年，科技创新与经济发展水平之间没有表现出统计显著的相关性。主要解释变量金融集聚与经济发展水平呈显著负相关。在控制变量中，信息通信基础设施建设水平、人力资本与经济发展水平呈现显著正相关，人口密度、利用外资与经济发展水平之间没有表现出显著的相关性。与表4-11的结果类似，对于ln*FisExp*变量，对模型（2）和（4）中的估计系数不予采纳，对模型（1）、（3）、（5）中的估计系数予以采纳，认为财政支出与经济发展水平呈现显著正相关。

表4-13　科技创新和金融集聚对经济发展回归（下尾城市，2011～2019年）

	被解释变量：ln*GDP*/对数人均生产总值				
	（1）	（2）	（3）	（4）	（5）
ln*Patent*	0.0186 （1.12）	—	—	–0.0076 （–0.65）	0.0186 （1.12）
lqBalance	—	–0.9987*** （–2.98）	—	–1.0022*** （–2.96）	—
lqFinance	—	—	–0.0951*** （–2.73）	—	–0.0962*** （–2.64）
ICT	0.2060*** （3.03）	0.1010*** （3.34）	0.2005*** （2.97）	0.1013*** （3.33）	0.1993*** （3.01）
ln*Density*	0.2426 （1.20）	–0.2677 （–0.98）	0.2652 （1.31）	–0.2669 （–0.98）	0.2573 （1.28）
ln*FisExp*	0.1080*** （2.97）	0.0199 （0.42）	0.1114*** （3.26）	0.0209 （0.42）	0.1058*** （3.14）
ln*FDI*	0.0040 （0.14）	–0.0146 （–0.50）	0.0030 （0.11）	–0.0149 （–0.51）	0.0031 （0.11）
EduWage	4.2614** （2.42）	3.2686* （1.78）	5.2200*** （3.03）	3.3992* （1.77）	4.8982*** （2.69）
常数项	10.3663*** （11.57）	9.6575*** （12.02）	10.4685*** （11.56）	9.6364*** （11.85）	10.5349*** （11.85）
个体效应	固定效应	固定效应	固定效应	固定效应	固定效应
时间效应	控制	控制	控制	控制	控制
R^2-within	0.2383	0.4718	0.2444	0.4720	0.2469
样本数量	464	466	466	464	464

注：1.*、** 和 *** 分别代表在90%、95%和99%置信水平显著。

2.括号内为*t*统计量，其计算使用回归系数的White形式稳健标准误。

4.7 实证分析结果解读

在对实证分析结果进行解读之前，需要指出以下两点。第一，相关关系不一定意味着因果关系，因此对结果的解读需结合相关理论与实际情况。第二，根据卢卡斯批评（Lucas，1976），市场参与者在做出决策时会将已知信息，包括市场信息和政策体制信息都纳入考虑，因此在特定时期或某种政策体制下所得到的对“经济方程的估计”在另一时期或另一种政策体制下不一定同样成立。基于上述思路，本节对实证结果进行分析与解读。

（1）科技创新与经济发展

科技创新对经济发展在长期中的推动作用已经成为共识，因此科技创新与经济发展水平之间所显示的显著正相关可以理解为科技创新促进经济发展。值得注意的是，经济增长理论以及相关实证研究表明，对于人均产出更加接近稳态的国家而言，技术进步的重要性更加凸显（Solow，1965；Romer，1986），接近全球技术前沿的国家更加依靠创新驱动（Acemoglu et al.，2006）。本章结果显示，上述结论同样适用于中国城市系统。具体而言：

① 对于整体城市样本而言，我国城市经济发展已经表现出创新驱动的特征，并且经济发展模式随时间发生变动，其中2006～2010年，城市经济发展没有表现出创新驱动的特征，2011～2019年则表现出创新驱动的特征。总体上来看，我国城市的经济发展模式已经转向创新驱动型，自主科技创新对于城市经济发展的重要性更加凸显。

② 中心城市和一般城市在2006～2019年期间表现出创新驱动的经济发展模式（中心城市的回归系数为0.0530，一般城市的回归系数为0.0265）。同时，两组城市的经济发展模式都随时间发生变动：2006～2010年没有表现出创新驱动的特征，2011～2019年则表现出创新驱动的特征（中心城市的回归系数为0.0610，一般城市的回归系数为0.0304）。一方面，中心城市和一般城市的经济发展模式都已向创新驱动型转变；另一方面，从回归系数来看，科技创新对中心城市经济发展的推动作用明显强于一般城市，这是因为中心城市更加接近全球技术前沿，其经济发展更加依靠创新驱动。

③ 下尾城市作为社会经济发展相对落后的城市，在2006～2019年、2006～2010年和2011～2019年都没有表现出创新驱动的特征，与其他城市具有不同的经济发展模式。

（2）金融集聚与经济发展

对金融集聚与经济发展的回归结果显示：

① 对于整体城市样本而言，以金融机构存贷款余额衡量的金融集聚与经济发展之间呈现显著负相关关系。这一结论同样适用于几乎全部的截面子样本和时间子样本，唯一例外的是一般城市2011～2019年对应方程的回归系数不具有统计显著性。

② 对于整体城市样本、截面子样本和时间子样本的回归结果显示，以金融行业从业人员数衡量的金融集聚与经济发展之间呈现显著负相关关系或无关。

总体而言，本章的研究结果与一系列以发展中国家为对象的研究结果具有相似性[1]，并不支持金融对于经济发展具有直接推动作用。对于负相关关系，本书认为不应该将其理解为城市金融集聚对经济发展具有抑制作用，而应该理解为“未能对城市经济发展产生足够的推动作用”。这是因为：① 结合实际来看，金融体系是国民经济不可缺少的一部分，并且有关金融与经济发展的理论至多认为金融的作用被高估，却并不认为金融会抑制经济发展；② 中国作为全球经济体量最大的发展中国家，有效价格机制的缺失以及政策性因素确实会在一定程度上妨碍金融运行效率，但这并不意味着金融不存在更好地推动经济发展的潜力。这一观点与部分学者的研究结论相一致，即相比于金融数量，金融发展质量对于资本形成的作用更强（刘鹏，2022）。对于宏观金融政策和城市发展政策而言，未来的工作重点应该在于提高金融资源的利用效率，而非提升金融资源总量。

（3）控制变量

① 人口密度。综合城市整体样本以及截面和时间维度的子样本来看，人口密度与经济发展水平之间呈负相关或无关，人口密度并未对推动经济发展表现出积极作用。这进一步印证了本书第3章的结论，即依靠增加人口和劳动力供给来提升经济发展所能发挥的效果有限，城市发展不能简单等同于人口规模增长。

② 信息通信基础设施建设水平（ICT）。2006～2019年，城市整体样本和

---

[1] 详见章节2.3.1.2。

三组城市子样本的ICT与经济发展水平表现出显著的正相关；2006～2010年间，城市整体样本和三组城市子样本的ICT与经济发展水平之间没有表现出相关性；2011～2019年，城市整体、一般城市和下尾城市的ICT与经济发展水平之间表现出显著的正相关。本章的研究支持ICT能够促进经济发展的观点。通过对截面和时间维度子样本的回归系数进行对比可以进一步看出，ICT对经济发展的促进作用的强度随着时间的推移而增强，并且对相对不发达城市的积极作用更加明显。

③ FDI。考虑到2008年金融危机对全球资本流动的影响，此处主要关注2011～2019年的回归结果。本章的研究表明，FDI能够促进中心城市和一般城市的经济发展，却无法促进下尾城市的经济发展。造成这一现象的可能原因在于，虽然FDI能够通过资本引入、技术溢出和增加就业等途径推动东道国的经济发展，然而对FDI的有效利用还要求东道国自身具备一定的技术基础；下尾城市社会经济发展较为落后，与其他城市在技术基础方面存在较大的差距，因此难以充分发挥FDI的积极作用。

④ 财政支出与人力资本。综合城市整体样本以及截面和时间维度的子样本来看，财政支出与经济发展水平之间呈现显著的正相关，与普遍的认知一致，扩大财政支出规模是促进经济发展的重要方式。此外，人力资本对于经济发展也发挥着积极作用。

5 城市金融集聚对科技创新的影响

5.1 理论机制分析与问题的提出

本书第4章的研究结果显示：① 从总体上来看，我国城市的经济发展模式已经向创新驱动转变，中心城市和一般城市在2011～2019年间已经表现出创新驱动的特征，并且科技创新对中心城市经济的积极作用比一般城市更为强烈；② 对城市整体样本以及截面、时间子样本的分析都显示金融集聚与城市经济发展之间存在负相关关系或者无关。

根据内生经济增长理论，技术进步是经济维持长期发展的根本性决定因素，而科技创新能够实现技术进步，该实证研究结果与内生经济增长理论相一致。关于金融集聚与经济增长的理论则更为丰富，对两者之间的关系尚未能给出一致的结论，该实证研究结果则表明金融集聚并未对城市经济发展产生足够的直接推动作用。

以上分析探讨科技创新和金融集聚对城市经济发展的直接推动作用。然而需要注意的是，城市是科技创新主要发源地的同时，也是金融资源的重要承载者：国际上一些具有影响力的城市既是著名的创新中心，也是著名的金融中心，并且我国也有众多城市在提出建设创新型城市的同时也提出建设金融中心城市的设想。在上述背景下，有必要对城市内部科技创新与金融集聚之间的关系进行分析，尤其是对金融集聚促进经济发展的另一种可能性——促进科技创新——进行探讨。接下来，本章将回答第一章所提出的问题三：在我国城市内部，科技创新与金融集聚之间的关系如何？

根据理论，金融集聚对科技创新兼具正面作用和负面作用。

（1）金融集聚对科技创新产生正面作用的机制

金融集聚通过增强金融机构获取和甄别信息的能力、为金融机构创造竞争性经营环境从而增质提效，以及形成产业集群从而实现规模效应等方式，有利于提升城市内部金融机构的运作效率和风险承担能力、减轻创新者与潜在投资者之间的信息不对称，从而促进科技创新。

（2）金融集聚对科技创新产生负面作用的机制

如果金融集聚所带来的金融机构之间的竞争压力过大，则可能对风险和收益具有更多不确定性的科技创新项目产生挤出作用，并且当金融系统缺乏有效的价格信号时，挤出效应会更加严重。

由于正面作用和负面作用同时存在，因此金融集聚对于科技创新的最终影响效果无法根据理论直接进行判断。本节对金融集聚能否促进科技创新这一问题进行实证分析，具体从两个方面展开：

① 城市的金融集聚能否促进科技创新？

② 不同类型城市金融集聚对科技创新的影响效果是否存在差异。

5.2 对金融集聚与科技创新的实证分析

5.2.1 模型设定与变量

5.2.1.1 回归模型设定

构建如下面板回归模型，用于考察金融集聚对科技创新的直接作用：

$$\ln Patent_{i,t} = \alpha + \beta Lag_n lqBalance_{i,t} + x'_{i,t}\zeta_{i,t} + u_i + v_t + \varepsilon_{i,t} \tag{5-1}$$

$$\ln Patent_{i,t} = \alpha + \beta Lag_n lqFinance_{i,t} + x'_{i,t}\zeta_{i,t} + u_i + v_t + \varepsilon_{i,t} \tag{5-2}$$

其中，i代表城市个体，t代表时间维度。$\ln Patent_{i,t}$代表第i个城市第t期每万人专利发明授权量的对数，$Lag_n lqBalance_{i,t}$代表第i个城市第$t-n$期的金融机构存贷款余额区位熵，$Lag_n lqFinance_{i,t}$代表第i个城市第$t-n$期的金融行业从业人员数区位熵。$x_{i,t}$表示一系列控制变量，u_i代表第i个城市不可观测的个体效应，v_t代表第t期的时间效应，α为常数项，$\varepsilon_{i,t}$为扰动项。与第4章类似，除了对总体样本进行考察之外，还将对子样本分别进行考察。

5.2.1.2 滞后期选择

在第4章的研究中，由于担心科技创新与金融集聚之间存在相关性，从而对两者进行了联合估计，然而联合估计的系数和统计显著性均未发生明显波动，因此科技创新与金融集聚之间至少在同一时期具有明显相关性的可能性很低。在这一结论的基础上，模型（5-1）和（5-2）进一步引入金融集聚变量的多期滞后项，具体分析和滞后期选择依据如下：

第一，本章使用发明专利授权量衡量科技创新程度，而发明专利授权存在较长的审查周期。实用新型、外观设计和商标等类型专利的授权流程较为简便，一般可在一年甚至半年内完成。与其他类型的专利相比，官方对发明专利的审批更为审慎，授权之前需要经历受理、初步审查、公布和实质审查等阶段，完整流程所需时间较长。例如国家知识产权局2023年3月提出，2023年底，发明专利审查周期压减到16个月，结案准确率达93%以上[1]。“十三五”期间的发明专利审查周期从22个月压减至20个月[2]，更早时期的审批周期在3年左右。

第二，科技创新活动具有过程性。科技创新活动从创新性思想的产生到进行初始投入、研发，直至成果形成，需要经历较长的过程，而更具技术含量的创新活动周期往往更长。与其他类型的专利相比，发明专利技术含量更高、研发过程更长。

基于上述原因，t期获批的专利授权需要金融资源在$t-n$期便参与其中。结合我国发明专利审批周期的实际情况并考虑研发过程，模型（5-1）和（5-2）选用金融集聚变量的2～5期滞后。

5.2.1.3　内生性问题

通过引入控制变量和使用个体效应估计模型，遗漏变量偏差可以较好地被消除，此时需要注意的是，由于科技创新活动的顺利开展需要较高的人力、物质和资本投入，科技创新对金融服务的需求可能成为推动金融集聚的原因，因此模型（5-1）和（5-2）中可能存在由反向因果引起的内生性问题，然而这一担忧在本章的模型设定中被很大程度地消除了。一方面，模型使用解释变量的多期滞后项[3]（Vergara，2010；Clemens et al.，2012），使变量在时间上具有单向关系；另一方面，结合科技创新活动的过程性和发明专利审批流程与特点，已获授权的发明专利不会

---

❶ 数据来源：国家知识产权局《推动知识产权高质量发展年度工作指引（2023）》。

❷ 数据来源：国家知识产权局关于印发《专利和商标审查“十四五”规划》。

❸ 根据Clemens et al.（2012），这一方法能够避免因工具变量质量不佳所造成的影响。

成为推动历史金融集聚的原因。因此，金融集聚与科技创新之间出现的显著相关性可以理解为单向因果关系。

5.2.1.4 控制变量

为了对城市特征进行控制、减轻遗漏变量偏差对估计造成的影响，此处基于经济理论在回归模型中引入以下控制变量：

ICT：信息通信基础设施建设水平。*ICT*的发展能够促进知识与信息交换、加强人际沟通，创造更多产生新观点、新想法的契机，并促进人力资本积累；同时*ICT*作为一种技术基础，能够成为产品和商业模式的创新平台（Mushtaq et al.，2022）。

ln*Density*：对数人口密度。城市中较高密度的人口集聚能够促进人际沟通、使人力资本积累、知识交换和合作更为便捷，从而创造更多迸发新思想的契机以及将新思想转变为创新成果的物质和非物质基础。

ln*TechExp*：对数人均财政科技支出。科技创新成果具有公共物品属性，在大多数情况下具有正外部性，因此如果仅仅依靠市场力量开展科技创新工作，创新水平将低于社会最优水平，此时需要政府进行支持和干预。与此同时，公办高等院校和研究机构也是重要的创新主体，需要充足的财政科技支出进行支持。

ln*FDI*：人均实际利用外资金额。研究表明，FDI能够通过技术溢出、技术转让和人才培养等方式，提高东道国的技术水平，从而对科技创新产生积极影响（Wang and Blomström，1992）。在一些情况下，外资机构也会在东道国从事科技创新活动，是重要的创新者。

EduWage：每万人在校大学生数×对数平均工资，作为人力资本的代理变量。科技创新活动具有知识密集型的特点，从事科技创新的人员需要经过长期的学习与专业训练、具备足够的专业知识和技能，因此充足的人力资本是科技创新活动顺利开展的前提和基础。

5.2.1.5 数据来源

财政科技支出数据来源于《中国城市统计年鉴》，其余数据来源与前文一致。引入变量及其含义对照见表5-1。

表5-1　变量及含义对照表

变量类型	变量名	变量中文含义	原始数据单位
被解释变量	ln*Patent*	对数每万人专利发明授权量	件
主要解释变量	$Lag_n lqBalance$	金融机构存贷款余额区位熵的*n*阶滞后	
	$Lag_n lqFinance$	金融行业从业人员数区位熵的*n*阶滞后	
控制变量	*ICT*	信息通信基础设施建设水平	%
	ln*Density*	对数人口密度	万人/km^2
	ln*TechExp*	对数人均财政科技支出	万元
	ln*FDI*	对数人均实际利用外资金额	万美元
	EduWage	每万人在校大学生数×对数平均工资	人×元

注：以上变量的统计口径为全市，人口数以常住人口计算。

5.2.2　实证分析结果

所有城市金融机构存贷款余额集聚、金融行业从业人员集聚对科技创新的回归实证分析结果见表5-2、表5-3。

表5-2展示了以所有城市为对象分析金融机构存贷款余额集聚对科技创新影响的结果。在主要解释变量中，存贷款余额区位熵的4阶滞后与科技创新之间表现出显著正相关，这表明存贷款余额集聚对科技创新具有促进作用，但是其效果需要在4年后才能体现出来。控制变量中，信息通信技术发展水平、财政科技支出与科技创新之间表现出显著正相关，人口密度、利用外资、人力资本没有表现出与科技创新的显著相关性。

表5-2　金融集聚对科技创新的回归（所有城市，存贷款余额）

	被解释变量：ln*Patent*/对数每万人发明专利授权量			
	（1）	（2）	（3）	（4）
$Lag_2lqBalance$	0.0937 （1.34）	—	—	—
$Lag_3lqBalance$	—	0.1022 （1.43）	—	—
$Lag_4lqBalance$	—	—	0.1902* （1.81）	—
$Lag_5lqBalance$	—	—	—	0.0642 （0.97）
ICT	0.1406*** （3.45）	0.1400*** （2.97）	0.1169** （2.25）	0.1167** （2.06）
ln*Density*	−0.1077 （−0.55）	−0.0368 （−0.24）	0.0399 （0.32）	0.0603 （0.56）
ln*TechExp*	0.1452*** （5.04）	0.1238*** （4.54）	0.1050*** （3.99）	0.0775*** （3.30）
ln*FDI*	0.0099 （0.58）	0.0090 （0.51）	0.0080 （0.44）	0.0018 （0.10）
EduWage	−0.6710 （−0.51）	−0.5136 （−0.34）	−0.2901 （−0.18）	1.1743 （0.61）
常数项	−3.6037*** （−5.06）	−2.9884*** （−5.20）	−2.6735*** （−5.81）	−1.9562*** （−4.90）
个体效应	固定效应	固定效应	固定效应	固定效应
时间效应	控制	控制	控制	控制
R^2-within	0.7780	0.7383	0.6959	0.6074
样本数量	2965	2735	2507	2250

注：1.*、**和***分别代表在90%、95%和99%置信水平显著。

2.括号内为*t*统计量，其计算使用回归系数的White形式稳健标准误。

以所有城市为对象分析金融行业从业人员集聚对科技创新的影响，结果如表5-3所示。在主要解释变量中，金融行业从业人员数区位熵的2至5阶滞后与科技创新之间都没有表现出显著的相关性；总体而言，金融行业从业人员集聚没有对科技创新表现出促进作用。控制变量中，信息通信技术发展水平、财政科技支出与科技创新之间表现出显著正相关，人口密度、利用外资、人力资本没有表现出与科技创新的显著相关性。

表5-3　金融集聚对科技创新的回归（所有城市，金融从业人员）

	被解释变量：ln*Patent*/对数每万人发明专利授权量			
	（1）	（2）	（3）	（4）
$Lag_2lqFinance$	0.0053 （0.09）	—	—	—
$Lag_3lqFinance$	—	0.0693 （1.05）	—	—
$Lag_4lqFinance$	—	—	0.0695 （0.77）	—
$Lag_5lqFinance$	—	—	—	0.0491 （0.55）
ICT	0.1416^{***} （3.47）	0.1419^{***} （3.01）	0.1190^{**} （2.28）	0.1180^{**} （2.08）
ln*Density*	–0.1076 （–0.54）	–0.0269 （–0.17）	0.0515 （0.43）	0.0642 （0.60）
ln*TechExp*	0.1435^{***} （5.00）	0.1244^{***} （4.52）	0.1048^{***} （3.96）	0.0779^{***} （3.31）
ln*FDI*	0.0090 （0.53）	0.0085 （0.49）	0.0084 （0.46）	0.0019 （0.10）
EduWage	–0.7167 （–0.54）	–0.6468 （–0.43）	–0.3883 （–0.24）	1.0845 （0.57）
常数项	-3.5239^{***} （–4.95）	-2.9413^{***} （–5.23）	-2.5526^{***} （–5.64）	-1.9420^{***} （–4.71）
个体效应	固定效应	固定效应	固定效应	固定效应
时间效应	控制	控制	控制	控制
R^2-within	0.7777	0.7382	0.6951	0.6073
样本数量	2965	2735	2507	2250

注：1.*、**和***分别代表在90%、95%和99%置信水平显著。

2.括号内为*t*统计量，其计算使用回归系数的White形式稳健标准误。

中心城市金融机构存贷款余额集聚、金融行业从业人员集聚对科技创新的回归实证分析结果见表5-4、表5-5。

表5-4展示了以中心城市为对象分析金融机构存贷款余额集聚对科技创新影响的结果。在主要解释变量中，存贷款余额区位熵的2至5阶滞后与科技创新之间没有表现出显著的相关性。总体来看，控制变量没有表现出与科技创新的显著相关性。值得注意的是，模型（1）对变量*ICT*系数的估计结果与另外四个模型相比存在较大差异，这可能是因为存贷款余额区位熵的2阶滞后不足以对科技创新造成影响，从而使模型产生遗漏变量偏差，因此认为模型（2）至（4）的结果更为可信。

表5-4　金融集聚对科技创新的回归分析结果（中心城市，存贷款余额）

	被解释变量：ln*Patent*/对数每万人发明专利授权量			
	（1）	（2）	（3）	（4）
$Lag_2lqBalance$	–0.0333 （–1.05）	—	—	—
$Lag_3lqBalance$	—	0.0360 （0.92）	—	—
$Lag_4lqBalance$	—	—	0.0358 （1.15）	—
$Lag_5lqBalance$	—	—	—	–0.0105 （–0.40）
ICT	0.1054^{**} （2.48）	0.0586 （1.21）	–0.0208 （–0.21）	0.0028 （0.03）
ln*Density*	–0.7417 （–1.82）	–0.6457 （–1.45）	–0.6849 （–1.23）	–0.2348 （–0.43）
ln*TechExp*	0.0695 （1.54）	0.0718 （1.45）	0.0561 （1.08）	0.0166（0.31）
ln*FDI*	0.0180 （0.53）	0.0252 （0.75）	0.0461 （1.41）	0.0504 （1.59）
EduWage	0.3661 （0.16）	0.6092 （0.26）	1.1575 （0.49）	2.0154 （0.82）
常数项	-3.1882^{***} （–2.98）	-2.7409^{**} （–2.18）	-2.6870^{*} （–1.72）	-0.9146^{**} （–2.18）
个体效应	固定效应	固定效应	固定效应	固定效应
时间效应	控制	控制	控制	控制
R^2-within	0.8694	0.8399	0.8147	0.7557
样本数量	439	405	371	332

注：1.*、**和***分别代表在90%、95%和99%置信水平显著。

2.括号内为*t*统计量，其计算使用回归系数的White形式稳健标准误。

以中心城市为对象分析金融行业从业人员集聚对科技创新的影响，结果如表5-5所示。其中，金融行业从业人员数区位熵的4阶滞后与科技创新之间表现出显著负相关，金融行业从业人员集聚抑制了科技创新。总体来看，控制变量没有表现出与科技创新的显著相关性。对变量*ICT*系数估计结果的分析同表5-4。

表5-5 金融集聚对科技创新的回归分析结果（中心城市，金融从业人员）

	被解释变量：ln*Patent*/对数每万人发明专利授权量			
	（1）	（2）	（3）	（4）
$Lag_2lqFinance$	0.0119 （0.12）	—	—	—
$Lag_3lqFinance$	—	–0.0639 （–0.74）	—	—
$Lag_4lqFinance$	—	—	-0.2221^{**} （–2.34）	—
$Lag_5lqFinance$	—	—	—	–0.1868 （–1.58）
ICT	0.1057^{**} （2.51）	0.0550 （1.21）	–0.0433 （–0.46）	–0.0111 （–0.11）
ln*Density*	–0.7368 （–1.82）	–0.6435 （–1.44）	–0.6861 （–1.28）	–0.2395 （–0.48）
ln*TechExp*	0.0735 （1.57）	0.0620 （1.29）	0.0452 （0.88）	0.0126 （0.24）
ln*FDI*	0.0163 （0.47）	0.0291 （0.85）	0.0526 （1.54）	0.0550 （1.58）
EduWage	0.3914 （0.17）	0.5878 （0.25）	1.1796 （0.53）	2.0270 （0.88）
常数项	-3.2444^{***} （–3.05）	-2.5993^{**} （–2.05）	–2.3796 （–1.56）	–0.7434 （–0.51）
个体效应	固定效应	固定效应	固定效应	固定效应
时间效应	控制	控制	控制	控制
R^2-within	0.8692	0.8399	0.8178	0.7587
样本数量	439	405	371	332

注：1.*、**和***分别代表在90%、95%和99%置信水平显著。

2.括号内为*t*统计量，其计算使用回归系数的White形式稳健标准误。

一般城市金融机构存贷款余额集聚、金融行业从业人员集聚对科技创新的回归实证分析结果见表5-6、表5-7。

以一般城市为对象分析金融机构存贷款余额集聚对科技创新的影响，结果如表5-6所示。其中，存贷款余额区位熵的4阶滞后与科技创新之间表现出显著正相关，存贷款余额集聚对科技创新具有促进作用，但是其效果需要在4年后才能体现出来。总体来看，控制变量中，财政科技支出与科技创新具有显著的正相关性。对变量*ICT*系数估计结果的分析同表5-4。

表5-6 金融集聚对科技创新的回归分析结果（一般城市，存贷款余额）

	被解释变量：ln*Patent*/对数每万人发明专利授权量			
	（1）	（2）	（3）	（4）
$Lag_2lqBalance$	0.1674 （1.24）	—	—	—
$Lag_3lqBalance$	—	0.0470 （0.35）	—	—
$Lag_4lqBalance$	—	—	0.5234** （2.43）	—
$Lag_5lqBalance$	—	—	—	0.0513 （0.32）
ICT	0.0804* （1.68）	0.0942 （1.59）	0.0707 （1.24）	0.0728 （1.22）
ln*Density*	–0.0614 （–0.31）	–0.0283 （–0.18）	0.0291 （0.27）	0.0457 （0.54）
ln*TechExp*	0.1578*** （3.94）	0.1386*** （3.66）	0.1149*** （3.27）	0.0892*** （2.86）
ln*FDI*	0.0238 （0.78）	0.0150 （0.47）	0.0071 （0.21）	0.0004 （0.01）
EduWage	0.0193 （0.01）	–0.4172 （–0.16）	–1.2039 （–0.42）	–0.6381 （–0.21）
常数项	–3.8548*** （–5.45）	–3.1935*** （–5.41）	–3.0986*** （–7.03）	–2.1377*** （–6.57）
个体效应	固定效应	固定效应	固定效应	固定效应
时间效应	控制	控制	控制	控制
R^2-within	0.8216	0.7878	0.7546	0.6795
样本数量	1922	1772	1621	1454

注：1.*、**和***分别代表在90%、95%和99%置信水平显著。

2.括号内为*t*统计量，其计算使用回归系数的White形式稳健标准误。

以一般城市为对象分析金融行业从业人员集聚对科技创新的影响，结果如表5-7所示。其中，金融行业从业人员数区位熵的2至4阶滞后与科技创新均没有表现出统计显著的相关性；金融行业从业人员集聚没有对科技创新表现出促进作用。总体来看，控制变量中，财政科技支出与科技创新具有显著的正相关性。对变量*ICT*系数估计结果的分析同表5-4。

表5-7 金融集聚对科技创新的回归分析结果（一般城市，金融从业人员）

	被解释变量：ln*Patent*/对数每万人发明专利授权量			
	（1）	（2）	（3）	（4）
$Lag_2lqFinance$	0.0805 （0.54）	—	—	—
$Lag_3lqFinance$	—	0.0220 （0.28）	—	—
$Lag_4lqFinance$	—	—	−0.0185 （−0.24）	—
$Lag_5lqFinance$	—	—	—	−0.0974 （−1.12）
ICT	0.0805* （1.70）	0.0946 （1.60）	0.0712 （1.26）	0.0740 （1.26）
ln*Density*	−0.0507 （−0.26）	−0.0221 （−0.14）	0.0460 （0.46）	0.0430 （0.51）
ln*TechExp*	0.1589*** （3.93）	0.1387*** （3.64）	0.1173*** （3.28）	0.0896*** （2.85）
ln*FDI*	0.0221 （0.73）	0.0148 （0.47）	0.0100 （0.29）	−0.0011 （−0.03）
EduWage	0.0768 （0.03）	−0.3978 （−0.15）	−0.7096 （−0.25）	−0.5003 （−0.17）
常数项	−3.7467*** （−5.53）	−3.1584*** （−5.79）	−2.6972*** （−7.33）	−2.1010*** （−6.38）
个体效应	固定效应	固定效应	固定效应	固定效应
时间效应	控制	控制	控制	控制
R^2-within	0.8213	0.7878	0.752	0.6800
样本数量	1922	1772	1621	1454

注：1.*、**和***分别代表在90%、95%和99%置信水平显著。

2.括号内为*t*统计量，其计算使用回归系数的White形式稳健标准误。

下尾城市金融机构存贷款余额集聚、金融行业从业人员集聚对科技创新的回归实证分析结果见表5-8、表5-9。

表5-8展示了以下尾城市为对象分析金融机构存贷款余额集聚对科技创新影响的结果。其中，存贷款余额区位熵的2至4阶滞后与科技创新均没有表现出统计显著的相关性；存贷款余额集聚没有对科技创新表现出促进作用。总体来看，控制变量中，人力资本与科技创新具有显著的正相关性。

表5-8 金融集聚对科技创新的回归分析结果（下尾城市，存贷款余额）

	被解释变量：ln*Patent*/对数每万人发明专利授权量			
	（1）	（2）	（3）	（4）
$Lag_2lqBalance$	0.1889 （0.58）	—	—	—
$Lag_3lqBalance$	—	0.4040 （1.28）	—	—
$Lag_4lqBalance$	—	—	0.5083 （1.38）	—
$Lag_5lqBalance$	—	—	—	0.2991 （0.84）
ICT	0.1426 （1.08）	0.1402 （0.99）	0.1065 （0.69）	0.1123 （0.65）
ln*Density*	0.5429 （0.68）	0.7597 （0.97）	0.4671 （0.71）	0.3322 （0.56）
ln*TechExp*	0.0847 （1.63）	0.0554 （1.09）	0.0414 （0.81）	0.0065 （0.14）
ln*FDI*	−0.0072 （−0.30）	−0.0067 （−0.28）	−0.0062 （−0.27）	−0.0206 （−0.94）
EduWage	12.5196^{**} （2.32）	14.7020^{***} （2.93）	15.4668^{***} （2.93）	18.0678^{***} （3.03）
常数项	−1.4924 （−0.44）	−0.4499 （−0.13）	−1.8271 （−0.65）	−1.6224 （−0.65）
个体效应	固定效应	固定效应	固定效应	固定效应
时间效应	控制	控制	控制	控制
R^2-within	0.6174	0.5732	0.5238	0.4150
样本数量	604	558	515	464

注：1.*、**和***分别代表在90%、95%和99%置信水平显著。

2.括号内为*t*统计量，其计算使用回归系数的White形式稳健标准误。

以下尾城市为对象分析金融行业从业人员集聚对科技创新的影响，结果如表5-9所示。其中，金融行业从业人员区位熵的4阶和5阶滞后与科技创新之间表现出显著正相关；金融行业从业人员集聚对科技创新具有促进作用，但是其效果需要在4到5年后才能体现出来。控制变量中，人力资本与科技创新具有显著的正相关性。

表5-9　金融集聚对科技创新的回归分析结果（下尾城市，金融从业人员）

	被解释变量：ln*Patent*/对数每万人发明专利授权量			
	（1）	（2）	（3）	（4）
$Lag_2lqFinance$	–0.1729 （–1.27）	—	—	—
$Lag_3lqFinance$	—	0.2010 （1.46）	—	—
$Lag_4lqFinance$	—	—	0.4363** （2.07）	—
$Lag_5lqFinance$	—	—	—	0.6653*** （3.00）
ICT	01342 （1.00）	0.1474 （1.04）	0.1443 （0.92）	0.1685 （1.05）
ln*Density*	0.4629 （0.61）	0.8153 （1.02）	0.6669 （0.94）	0.4907 （0.82）
ln*TechExp*	0.0787 （1.45）	0.0511 （1.01）	0.0330 （0.67）	–0.0010 （–0.02）
ln*FDI*	–0.0108 （–0.44）	–0.0102 （–0.42）	–0.0098 （–0.41）	–0.0190 （–0.84）
EduWage	14.4689*** （2.80）	13.7518*** （2.70）	12.9690** （2.35）	14.6678*** （2.63）
常数项	–1.5083 （–0.45）	–0.0756 （–0.02）	–0.9606 （–0.31）	–1.3297 （–0.52）
个体效应	固定效应	固定效应	固定效应	固定效应
时间效应	控制	控制	控制	控制
R^2-within	0.6182	0.5726	0.5291	0.4350
样本数量	604	558	515	464

注：1.*、**和***分别代表在90%、95%和99%置信水平显著。

2.括号内为t统计量，其计算使用回归系数的White形式稳健标准误。

5.3 实证结果解读

本章的实证分析结果显示：① 对于整体城市样本而言，以存贷款余额衡量的金融集聚4期滞后项与科技创新显著正相关，以金融行业从业人员数衡量的金融集聚与科技创新没有表现出显著的相关性；② 对于中心城市而言，以存贷款余额衡量的金融集聚与科技创新没有表现出显著的相关性，以金融行业从业人员数衡量的金融集聚4期滞后项与科技创新显著负相关；③ 对于一般城市而言，以存贷款余额衡量的金融集聚的4期滞后项与科技创新显著正相关，以金融行业从业人员数衡量的金融集聚与科技创新没有表现出显著的相关性；④ 对于下尾城市而言，以存贷款余额衡量的金融集聚与科技创新没有表现出显著的相关性，以金融行业从业人员数衡量的金融集聚4期和5期滞后项与科技创新显著正相关。

（1）金融集聚与科技创新

实证结果显示，城市金融集聚能够对科技创新产生正面作用，也能够对科技创新产生负面作用，上述结果可能由多种因素共同造成，然而其最终影响效果取决于城市类型及其背后所表明的城市经济发展阶段和发展模式。

① 金融机构存贷款余额集聚与科技创新。

对中心城市子样本和下尾城市子样本的分析结果均显示，金融机构存贷款余额集聚对科技创新没有表现出促进作用；对一般城市子样本的分析结果则显示，金融机构存贷款余额集聚对科技创新具有促进作用，然而这一促进作用在时间上存在4期滞后。

第一，金融机构存贷款余额集聚对科技创新没有表现出促进作用这一研究结果与Hsu et al.（2014）的观点有相似之处：Hsu et al.发现在部分发达国家和发展中国家，信贷市场的发展对创新产生了负面影响，这可能是因为银行主导的金融系统缺乏有效价格信号，从而使资本难以向具有盈利潜力的创新项目充分流动。我国的金融系统由银行主导，长期以来的宏观金融政策较为审慎，注重保持金融市场的流动性，总体而言金融市场的资金较为充足。然而由于金融体制改革相对于经济改革而言较为落后，因此长期以来存在较为突出的“重规模、轻机制”以及市场机制发挥不充分的现象，从而在推动科技创新方面难以全面发挥积极作用。

第二，金融机构存贷款余额集聚对科技创新的促进作用具有时间滞后这一结果与科技创新活动的过程性相符。对科技创新的金融支持需要提前布局，并且其效果需要在创新过程完成后才能体现。相应地，这也对金融机构的资金管理能力和跨期风险分担能力提出了新要求。

② 金融行业从业人员集聚与科技创新。

对中心城市而言，金融行业从业人员集聚对科技创新表现出负面作用；对一般城市而言，金融行业从业人员集聚对科技创新没有表现出促进作用；对下尾城市而言，金融行业从业人员集聚的4期和5期滞后对科技创新具有促进作用。

行业从业人员数是一个能够反映行业用工状况和产业结构、具有市场性质的指标。一般而言，随着经济发展水平进入更高阶段，一个经济体中包括金融业在内的第三产业占比会逐步提升，但这一关系反过来不一定成立。下尾城市在经济发展水平较低的情况下，金融行业从业人员集聚程度上升可以理解为经济结构的改善，这催生了对新技术的需求。相比之下，其他城市由于经济结构已经偏重第三产业和金融业，金融行业从业人员集聚程度的进一步提升所能发挥的积极效果有限，甚至可能对创新造成挤出作用，从而不利于科技创新。

（2）其他因素

① 结构性差异。在对城市子样本进行回归时发现，模型的主要解释变量金融集聚以及基础设施建设水平、财政科技支出等控制变量表现出较大差异。这进一步表明不同层级的城市之间具有不同的发展模式。不同类型的城市在制定金融集聚和科技创新政策和相关辅助政策时应当结合自身特色，避免盲目竞争。

② 人口密度。对整体城市样本和对三组子样本的分析均显示人口密度并未对科技创新表现出积极作用，这一结果与第4章的结果类似，即对于具有相似经济发展模式的城市而言，人口本身所能发挥的作用有限。

③ 财政科技支出。科技创新成果具有正外部性，因此需要政府对科技创新进行干预，而地方政府在这一过程中扮演着重要角色。本章研究结果显示，从总体上来看，地方财政科技支出对科技创新确实发挥了积极作用。

④ FDI。改革开放以来，“以市场换技术”是我国重要的引进外资策略，事实上在较早的研究中，一些研究发现FDI能够通过技术溢出效应对中国的科技创新能力产生积极影响（例如Cheung and Lin，2004）。然而随着中国的技术水平日益接近全球技术前沿，学习他国技术所能带来的技术进步空间日益有限。本章使用10余年的数据进行研究的结果显示，FDI没有表现出对城市科技创新的推动作用，这

一结论与经济发展理论所表明的发展模式转变相一致（Romer，1986；Acemoglu，2006），也进一步凸显自主科技创新的重要性。

⑤ 人力资本。本章研究显示，人力资本对于下尾城市的科技创新发挥了显著的促进作用，却并未对中心城市和一般城市的科技创新产生显著影响。对于大多数城市而言，这并不意味着人力资本对于科技创新不重要，而是在一定程度上反映出某种社会现象，即科技研发人员的人力资本并未得到足够的经济意义上的报酬。在金融发展的背景下，人力资本的流向问题尤其值得关注。近些年来，金融行业从业者普遍能够获得较为丰厚的工作报酬，这吸引了大量不同专业领域的高素质、高能力人才进入金融行业，相应地造成其他领域，包括科技创新领域人才的流失，也引发经济过度金融化和脱实向虚的隐忧；其中，经济发展程度更高的城市由于金融资源更加丰富、金融从业人员数量更多，所面临的问题可能更为严峻。因此，如何对金融行业进行定位、如何引导具有丰富人力资本的群体进入科技创新领域是值得重点关注的问题。

6 结论与展望

本书关注的核心问题在于探索以金融集聚和科技创新推动我国城市实现长期经济发展的可能性，本章是对研究结论的总结、分析与讨论，同时回答第1章所提出的问题四：不同层级的城市如何采取差异化策略、利用金融集聚和科技创新推动经济持续发展？

6.1 主要研究结论

6.1.1 城市层级与城市系统发展规律客观存在

第3章从中国城市系统整体出发，首先以系统理论中的幂律分布理论为基础，对城市规模分布的内在机制和规律进行分析，随后结合我国城市体系发展的实际情况，利用280余座地级及以上城市2006年和2019年的全市常住人口和GDP数据对人口和GDP规模分布特征和变迁进行量化分析。

第3章的研究显示：① 在人口规模分布和GDP规模分布方面，位于城市层级底部的城市（下尾城市）与更高层级的城市之间都表现出稳定的结构性差异。② 上尾城市的人口规模分布不符合幂律，而GDP规模分布符合幂律。③ 从2006～2019年，总体而言，上尾城市的人口规模分布和GDP规模分布都变得更加不均匀；然而在引入GDP位序101至150的城市之后，虽然人口规模分布变得更加不均匀，但是GDP规模分布变得更加均匀。④ 对城市规模分布的内在机制和规律进行分析表明，如果人口和经济资源在城市之间随机流动，城市规模至少在上尾将形成稳定分布，并且符合幂律。在我国，行政区划调整和户籍制度等政策性因素对人口流动造成一定的约束，而地方政府政策竞争与市场经济共同作用则使经济资源的流动具有随机性。根据当前国家政策导向，可以预期在未来，人口将在城市之间更加自由地流动，城市人口规模分布至少在上尾将进一步趋近于幂律分布。

上述结果具有以下学术和政策上的意义：① 行政因素和经济因素在我国城市发展过程中同时发挥着重要作用，在研究过程中应当同时考虑这两种因素；② 城市规模分布的稳定性和内在规律意味着不同城市之间的差异客观存在，城市经济发展应当以认清和尊重城市系统的发展规律为基础；③ 在特定时期内一国之内的人口总量是有限的，此外，随着经济发展水平的提高，人口自然增长率保持低位的趋势难以改变。在这一判断的基础上进一步结合人口管理政策的变动和幂律分布的生成机制，则可以将城市人口数量视为外生约束。④ 一部分城市人口规模扩张和另一部分城市人口规模收缩的现象在未来极有可能继续发生，然而城市GDP规模不会受到如人口总量一般的制约。未来城市经济发展的重心应当在于依托技术要素和资本要素、通过探索新的发展方式提高生产效率，而非过度强调人口规模所造成的影响。

6.1.2 不同层级城市发展模式存在异质性

第4章和第5章利用中国275座地级及以上城市2006～2019年的面板数据，对金融集聚、科技创新和城市经济发展相关问题进行分析。基于相关政策和理论以及对城市规模GDP分布的检验结果，将城市划分为三类：中心城市，一般城市和下尾城市。

第4章实证分析了科技创新与金融集聚对城市经济发展的影响，更具体的还进行了时间维度分别为2006～2010年和2011～2019年的子样本划分。结果显示：① 中心城市和一般城市的经济发展已经实现向创新驱动发展模式的转变，而下尾城市的经济发展并未表现出创新驱动的特征；② 科技创新对于中心城市经济发展的促进作用强于对一般城市经济发展的促进作用；③ 金融集聚并未对城市经济发展产生足够的直接推动作用。

第5章对金融集聚与科技创新之间的关系进行分析。研究显示：① 中心城市金融行业从业人员集聚与科技创新负相关；一般城市存贷款余额集聚的4期滞后项与科技创新正相关；下尾城市金融行业从业人员集聚的4期和5期滞后项与科技创新正相关。② 城市金融集聚对科技创新既能产生正面作用，也能产生负面作用，其最终影响效果取决于城市类型及其经济发展阶段和模式。③ 金融集聚对科技创新的促进作用在时间上具有滞后性。

综合以上结果可以看出，在不同层级的城市，金融发展、科技创新和经济增长之间的关系表现出明显的异质性。

（1）中心城市

结合2006～2019年以及2011～2019年科技创新对中心城市经济发展影响的

实证结果可以看出，中心城市经济发展已经表现出创新驱动的特征；进一步对比两组时间子样本则可以清楚地看到经济发展模式向创新驱动型的转变。就创新驱动发展模式而言，中心城市的科技创新对经济发展的促进作用在三组城市子样本中最为突出，又因为中心城市拥有更多的资源和政策优势，因此在推动科技创新方面具有更强的动机和更优越的条件。然而在中心城市，金融集聚不仅未能表现出对经济发展的直接推动作用，金融行业从业人员集聚甚至表现出对科技创新的负面效应、即挤出作用。

（2）一般城市

对比一般城市科技创新对经济发展影响的两组时间子样本分析结果，同样可以看到发展模式向创新驱动型的转变。2011 ～ 2019年，一般城市的经济发展虽然已经表现出创新驱动的特征，但科技创新对经济发展的促进程度仅约为中心城市的一半。金融集聚没有表现出对经济发展的直接推动作用，然而存贷款余额集聚对科技创新的促进作用在经过4年之后会显现出来。

（3）下尾城市

下尾城市的经济发展还处于较低阶段，在研究样本的覆盖期间没有表现出创新驱动的特征；金融集聚未能表现出对经济发展的直接推动作用，金融行业从业人员集聚对科技创新的促进作用经过一段时间后会体现出来。

6.1.3 金融资源利用效率有待提高

学术界长期以来对金融发展普遍持有积极态度，认为金融发展能够促进经济发展，而基于相关研究，政府为了促进经济发展往往会选择促进金融发展。对于中国城市而言，在以经济建设为核心的地方政府绩效考核制度下，城市管理者也会选择吸引金融资源的流入，希望以此带动经济发展和科技创新。然而需要注意的是，近些年来的许多研究（尤其是以发展中国家为对象开展的研究）表明，金融发展对经济增长和科技创新所能发挥的积极作用不如早期那般确定。

本书第4章的研究结果表明，即使在考虑到城市异质性和时间演变的情况下，回归模型也没有显示出金融集聚与经济发展之间存在显著正相关，两者之间所出现的统计显著关系均为负相关，其余则不存在显著的相关性。这意味着城市金融集聚没有对经济发展产生足够的直接推动作用，而估计系数显著为负意味着当前我国城市经济发展所面临的问题并非金融资源体量不足，而是缺乏对金融资源的有效利用。

本书第5章的研究发现，城市金融集聚既能够对科技创新产生正面作用，又能够对科技创新产生负面作用，上述结果可能由多种因素共同造成，然而其最终影响效果取决于城市类型及其背后所表明的城市经济发展阶段和发展模式。这一结论表明在未来需要对金融资源进行更高效的利用，使金融在经济建设和科技创新过程中更好地发挥作用。

6.1.4 对其他影响因素的分析

（1）人口密度

近些年来，各地政府普遍重视对人口资源的争夺，然而本书的研究结果显示人口密度对经济发展和科技创新都未表现出明显的积极效果。造成这一现象的可能原因有以下几点。① 人口密度的增加会带来集聚效应，也会相应地造成阻塞成本上升，如果人口数量上升较快而城市的承载能力又有限，集聚效应带来的优势会被阻塞成本所抵消[1]；② 新增人口的人力资本较低，难以通过从事知识密集型、高附加值的劳动对城市经济发展产生足够的直接和间接推动作用；③ 经济和就业市场结构未能与新增劳动者技能进行较好的匹配，从而未能发挥人口数量和密度增加的优势[2]。这进一步表明未来城市经济发展的重点在于探索新方法、新渠道，而非过度强调人口因素所造成的影响和制约。

---

❶ 例如近些年来，许多大城市都出现通勤距离5公里内的“幸福通勤”比重下降、单程时间60分钟以上的“极端通勤”比例上升的现象（资料来源：中国城市规划设计研究院《2022年度中国主要城市通勤监测报告》），缩减了居民可以用于消费和从事创造性工作的时间。又例如由城市人口规模扩张和城市建设所引发的热岛效应、雨岛效应和地表硬化面积阻渗水效应等，易引发城市内涝，造成经济损失。

❷ 与人口流入和流出相比，经济结构转型和升级，包括就业岗位的创造和消失，是一个更为缓慢且少有捷径可走的过程。

（2）FDI

FDI对于城市经济发展普遍表现出积极作用，然而对于科技创新没有表现出积极作用。长期以来，基于“以市场换技术”的思路，我国通过丰富的自然资源、廉价劳动力和优惠政策等因素吸引外资流入，虽然能够获取明显的经济收益，却未能获得足够好的技术收益。随着我国技术水平逐渐接近全球技术前沿，能够通过FDI获取技术收益的可能性将进一步下降，相应地，探索新的发展方式和自主科技创新的重要性进一步凸显。

（3）人力资本

人力资本对于促进经济发展表现出积极作用，然而对于科技创新的积极作用仅体现于下尾城市。在中心城市和一般城市，人力资本并未表现出对科技创新的促进作用，这在一定程度上反映出科技研发人员的人力资本并未得到足够的经济意义上的报酬的社会现象。在未来的经济发展过程中，应当引导拥有更高人力资本的人士进入科技创新领域，从而更好地实现创新驱动发展战略。

6.2 政策启示

6.2.1 尊重城市系统规律、探索经济发展新方式

在宏观层面，学者和政策制定者关于城市发展路线，尤其是大中小规模城市发展优先级进行了持续探讨。在微观层面，地方政府积极参与对人口和经济资源的争夺，而当前众多城市争创金融中心城市和创新型城市也是这一现象的反映。针对这一问题，本书的研究结论可以带来一些政策启示。

（1）尊重城市系统规律

根据城市规模分布的内在生成机制以及国家经济社会政策导向，城市系统规模分布将进一步趋于幂律分布，城市层级客观存在，城市之间在发展水平和发展方式上的差异不可避免。无论从人口角度还是从经济角度来看，大中小城市都会在城市

系统共存[1]。地方政府需要意识到政策在规律面前的局限性，城市经济发展政策的制定应当尊重城市系统规律和城市之间的差异性，避免陷入盲目的政策竞争。

（2）探索新的城市经济发展方式

在市管县体制和以经济建设为中心的地方政府绩效考核制度下，地方政府一直普遍重视对人口和经济资源的争夺。近年来，各城市对人口的争夺更加激烈，地方政府纷纷推出具有吸引力的落户政策，人口红利拐点到来所引发的对劳动力数量下降的担忧更进一步加剧了政策竞争。关于这一问题，本书的研究结果显示，城市人口密度的增加没有表现出对经济发展和科技创新的促进作用，而受制于人口增长的自然规律和城市系统发展规律，人口更应该被视为外生约束，因此地方政府应当将城市经济发展的重心放在探索新的发展方式之上。城市经济发展的重心不应当过度倾向于对人口因素的关注，而应当更加倾向于探索新的经济发展模式，在给定规律和资源约束的条件下提高生产效率、增加经济产出[2]。

6.2.2 实施差异化的金融集聚与科技创新发展路线

一方面，城市规模分布的稳定性和内在规律意味着不同城市之间的差异客观存在，这些差异涵盖经济发展驱动模式以及金融集聚所能产生的实际效果。另一方面，科技创新需要较高的实物、人力和资本投入，然而在一定时期内一国的资源禀赋有限。因此，差异化的金融集聚和科技创新发展路线是一种更为实际的选择。

---

❶ 长期以来，大城市是政策制定者关注的重点。有关部门一方面希望城市的集聚效应可以推动经济发展和技术进步，并且对周边城市产生积极的溢出效应，另一方面又担心城市规模过大引发“大城市病”，并且对中小城市产生虹吸效应。然而从集聚效应和阻塞成本的角度来看，人们如果在城市之间能够实现较为自由的迁徙，就会基于个体效用来决定是居住于大城市还是中小城市，最终使城市达到均衡规模。换言之，在给定城市承载能力的情况下，无需过于担心城市规模过大的问题。例如，2022年底，四大一线城市——北京、上海、广州、深圳的常住人口数相比上一年分别减少4.3万、13.54万、7.65万和1.98万，累计减少超过20余万人，就是一个城市规模自行调节的例子。

❷ 近些年来，“收缩型城市”受到的关注日益增加，部分城市出现了持续性的人口外流现象。事实上，在给定外生人口约束的条件下，“收缩型城市”的出现是必然现象，探索新的城市经济发展方式对于这类城市的重要性不言而喻。

（1）中心城市

中心城市的科技创新对经济发展的促进作用在三种类型的城市中最为突出，而中心城市又拥有更多的经济资源和政策优势，因此具有更强的动机和更优越的条件进行科技创新。然而在中心城市，金融集聚不仅未能表现出对经济发展的直接推动作用，金融行业从业人员集聚甚至表现出对科技创新的负面效应。因此中心城市应当注意：① 应当坚定不移地走自主创新道路，坚持创新驱动发展战略；② 需要避免金融行业过度发展所造成的对科技创新的挤出作用，同时引导拥有更高人力资本的劳动者进入科技创新领域；③ 积极发展更新、更高效的融资方式与金融工具，摆脱传统金融发展模式对科技创新活力的制约。

（2）一般城市

一般城市的经济发展表现出创新驱动的特征，但强度不及中心城市。以存贷款余额衡量的金融集聚对科技创新具有促进作用，但需要经过一段时间后才体现出来。因此对于一般城市而言：① 如果希望以金融集聚推动科技创新，则需要金融集聚先行，并且具备为科技创新提供较长周期资金支持的能力；② 在实践创新驱动发展的过程中突出城市自身特色，与中心城市进行差异化竞争。

（3）下尾城市

与中心城市和一般城市相比，下尾城市的经济规模较小，并且经济发展还没有表现出创新驱动的特征，金融集聚也未能表现出对经济发展的直接推动作用。金融行业从业人员集聚对科技创新的促进作用经过一段时间后会体现出来，而这一促进作用的本质是产业结构升级。对于下尾城市而言则应当：① 加快产业结构升级的步伐，使经济发展迈入更高阶段；② 当前阶段无需过度强调自主创新，而是可以更多地通过吸收和采纳科技创新成果的方式提高技术水平。

差异化金融集聚与科技创新发展路线的实施一方面需要地方政府对城市特征和发展状况有着更清晰的认识，另一方面也需要中央政府进行宏观层面的政策引导和协调。

6.2.3 提高金融资源利用效率、健全金融市场运作机制

长期以来，我国的金融体系可以描述为以商业银行为主导的间接融资体系。同

时我国金融监管部门对金融市场活动持有较为审慎的态度，这一方面使我国金融体系较为稳定、流动性较好，另一方面也使金融市场价格机制不够完善，金融资源配置效率受限。对此，应当提高金融资源利用效率，健全金融市场运作机制。

（1）提高金融资源利用效率

从本书的研究结论来看，金融集聚没有表现出对经济发展的直接促进作用，金融市场面临的主要问题并非金融资源体量不足，而是缺乏对资源的高效利用。因此在经济发展过程中应当避免对金融资源体量的盲目追求，而是通过提高金融资源的利用效率，使金融在经济发展和科技创新过程中更好地发挥作用，这也能避免过多的金融资源在非实体经济领域空转。

（2）健全长期融资机制

本书的研究结论显示，城市金融集聚对科技创新的促进作用即使存在，也需要4～5年后才能体现出来。事实上，科技创新活动从理念产生到最终成果被认可需要经历一定的周期，尽管压缩创新成果审查时长等方式可以提高时效性，然而创新活动的周期依然会存在；通过金融市场进行融资的创新者，一方面需要金融资源较早进行介入，另一方面对金融资源的使用也要与创新周期相匹配。此外，对创新成果的转化、测试和商业化运作也需要一定的周期。在面对上述问题时，则需要长期融资（long-term finance）发挥作用。当前，包括我国在内的许多发展中国家普遍存在长期融资占比较低、相关机制不健全的现象，健全长期融资机制可以为科技创新提供更有效的支持。

（3）加强金融市场风险分担机制

科技创新的研发投入离不开金融资源的支撑，然而科技创新具有周期长、投入大、结果不确定的特点，具有较高的风险性。金融机构如果缺乏较好的风险分担能力，将难以从事创新投资；金融市场如果缺乏良好的风险分担机制，将难以促进金融资源向科技创新领域流动。对此，可以通过促进金融市场的多元化发展、提高政府引导基金效率、加强金融机构之间的合作、创新金融产品、通过数字化技术降低信息不对称等方式加强金融市场风险分担机制。

6.3 延伸讨论

6.3.1 注重政策的时效性和对策性

政策制定者依据过往经验和研究结论制定政策是一种常见方式，这可以追溯至凯恩斯主义所假定的经济主体具有基于历史变量的适应性预期。对此，诺贝尔经济学奖得主Robert Lucas提出了著名的“卢卡斯批评”（Lucas，1976），认为经济主体不仅仅关注过去的经验，还关注当前事件对未来的影响，理性的市场参与者会在决策中将已知的所有信息，包括政策体制变动都考虑在内。最终使经济方程发生结构性变动。对于政策制定而言，当某种政策成为长期且普遍的做法时，那么经过一段时间之后其效果将难以确定❶。对于政策和学术研究而言，经济方程的结构性变动会造成简化形式（reduced form）计量模型中变量的估计系数也会发生变化，从而造成研究结果随时间而变化。

在本书的研究以及所涉及的相关研究中，与“卢卡斯批评”有关的现象多次出现：① 早期关于金融与经济发展的研究普遍显示两者之间具有正向关系，然而较晚的研究对两者之间的关系难以得到一致结论。本书的研究显示金融集聚对经济发展没有表现出促进作用，这与早期相关研究的结论不一致，却与近10年来的研究较为一致；② 人口密度对经济发展和科技创新都没有表现出促进作用，这一结果与城市集聚经济理论的预测不一致❷；③ FDI对中小城市和一般城市的科技创新没有表现出促进作用，这一结论与早期的许多研究不一致，却与近10年来的研究较为一致。

---

❶ 历史上一个著名的例子是20世纪60年代和70年代的美国，决策者基于菲利普斯曲线（即通货膨胀与失业之间存在负相关）采取并长期维持扩张性的经济政策。最终通货膨胀与失业之间的负相关消失了，经济陷入长期滞涨。

❷ 从历史上来看，城市的产生与发展是一个由生产力发展而驱动的漫长过程，在这一过程中由于经济生产活动的空间组织形式与生产力的发展相匹配，显然可以基于简化形式的计量模型得出人口规模与经济发展水平正相关的结论。如果政策制定者基于这一结论积极扩大人口规模，则可能改变生产活动空间组织形式与生产力之间的数量对比和结构性关系，基于旧的简化形式计量模型所得出的结果会相应地发生改变。

“卢卡斯批评”对于中国地方发展政策的制定具有重要借鉴意义。由于行政力量在地方经济发展中具有重要作用，并且城市之间往往存在激烈的政策竞争，经济方程结构性变动出现的速度和频率甚至会更高，而这意味着政策效果具有时效性、而非一成不变。在政策制定的过程中应当对经济发展现象的内在机制更深入地理解，结合发展现状对政策有效性进行评估和调整，将其视为在特定时期应对特定问题的对策。

6.3.2 推动城市群建设、加强区域协调

随着我国市场经济深化、户籍政策松绑、基础设施完善以及技术进步，经济资源和人口的跨区域流动获得了前所未有的便利，城市之间也自然形成了更高程度的联系与依存。当多个城市通过密切共享基础设施、经济资源、生态资源等公共体系而形成一个整体时，则会形成城市群（Gottman，1957）。一方面，城市群可以被视为一个连续的区域，即多个城市通过密切共享基础设施、经济资源、生态资源等公共体系而形成的一个整体；另一方面，城市群的每一个组成城市是独立的个体，城市群也可以被视为相对独立的经济单元联结而成的系统或网络。

城市群对于城市经济发展而言是一个值得积极探索的思路。第一，城市群可以在整体层面促进城市经济发展。由于城市群的组成城市相互之间社会经济联系紧密，因此可以在更大程度上实现城市群内的基础设施、生产要素和市场的共享，吸引更多人口与企业进入其中，优化城市群内生产要素的资源配置，使集聚效应产生积极作用的范围得以扩大，从而促进城市群整体的经济发展。第二，如果城市群作为一个整体进行内部政策协调，则可以加强资源整合。例如，具有共同目标的多个城市如果合作实现该目标，则有助于实现规模经济（Meijer，2005）；不同的城市还可以基于其竞争优势扮演不同且互惠的角色：不同的城市提供不同的功能，且任何一座城市都可以使用其他城市所提供的功能（Hague and Kirk，2003）。第三，小城市也有可能获得更好的发展前景；小城市尽管经济规模和功能有限，但是当离大城市较近时，则可以通过城市网络“借用”大城市的集聚优势，同时无需承担相应的成本（Meijer et al.，2016）。

2006年，我国“十一五”规划首次提出城市群战略：“将城市群作为推进城镇化的主体形态”，2021年的“十四五”规划和2022年党的二十大报告均进一步强调以城市群为依托推动区域协调发展。当前，我国的城市群已经初步形成，截至2022

年底，我国19个主要城市群集聚了全国约75%的人口，贡献了约90%的GDP，已经获得正式批复的大湾区（GBA）城市群一跃成为全球规模最大的城市群。在此背景下，通过推动城市群建设、加强城市群内部的政策协调，将有助于避免城市之间的盲目政策竞争，减少资源浪费，使不同类型的城市实现共同发展。

6.3.3 预防金融行业脱实向虚

金融脱实向虚的含义为金融资本与实体经济相分离的现象。本书的一系列研究发现为金融监管和金融政策制定给予了提醒：需要对金融行业脱实向虚现象保持警惕。具体而言：

第一，本书的研究表明城市的金融集聚未能对经济发展产生足够的推动作用，当前中国金融资源体量较为充足，却未能被高效地利用于促进实体经济发展。当金融机构提供的金融资源并未充分流向实体经济，而是大量地在金融系统内部流转时，则出现“金融空转”现象（冯涛等，2020）。如果金融部门与实体经济相比过度膨胀，金融系统可能会运转失效，进而对实体经济发展带来不利的影响，因此保持金融部门和实体经济之间的平衡非常重要（Pagano and Pica，2012）。

第二，中心城市金融从业人员集聚对科技创新产生了负面效果，这对应于金融集聚对科技创新的挤出作用。从就业的角度来看，金融行业普遍具有较高的薪酬，从而吸引大量优秀学生学习金融专业，甚至吸引高学历的理工科人才进入金融行业。这一情况的长期持续会损害科技创新能力，最终影响长期中的经济增长。

第三，研究显示，人口老龄化会显著提高非金融企业的金融资产配置比重，进而加剧金融脱实向虚（咸金坤等，2022）。我国的人口拐点已经于2022年出现，未来将加快迈入老龄化社会，这可能对金融和经济运行造成更多的脱实向虚压力。

第四，金融科技的发展也会加剧投机性的逐利行为，使企业更偏好从事金融投资活动（庄旭东和王仁曾，2023）。近几年来，我国的金融科技迅速发展和普及，在提高了金融服务提供效率的同时，也可能使金融进一步脱实向虚。

防止金融脱实向虚对城市经济发展造成妨碍需要中央政府和地方政府的共同努力。在国家层面，需要引导金融发展与实体经济发展相协调、监管与金融体系发展相协调；在地方层面，城市经济政策的制定应当以促进实体经济发展为目标，避免围绕争夺金融资源陷入盲目的政策竞争，同时将更多的人力资本引导进入实体经济和科技创新领域。

6.4 研究局限和研究展望

本节从四个方面讨论研究的局限以及相应的研究展望。

（1）经济发展的含义及拓展

作者在研究过程中关注严格经济意义上的经济发展，使用GDP总量和人均GDP作为经济发展的衡量指标，这与国内外大多数文献的处理方法相一致，也符合我国改革开放以来以经济建设为中心的实际情况。然而从更广阔的视角来看，经济发展还涉及贫富差距、绿色发展、卫生与健康、个人能力的实现等多个方面的议题。在未来的研究中，可以对以上因素进行更为深入的研究，或者构建更为科学全面的指标用于衡量经济发展。

（2）金融集聚的指标选择

结合可获得的城市数据，本书利用金融机构存贷款余额和金融机构从业人员数构建金融集聚指标。尽管这两个指标能够反映我国金融系统的主要特征，但是如果能有更多、更全面的指标被用于衡量金融集聚，研究结果可能会带来新的启发。在未来的研究中，可以从数据收集方面进行改善。

（3）在数据真实性和模型选择之间的权衡

由于地级市数据的异动或缺失常常伴随着行政区划调整或统计口径调整，因此实证研究中常见的插值法和估算法很可能使数据偏离真实情况。在第4章至第6章的研究中，为了尽量保持数据的真实性，作者在进行数据清理的过程中删除了异常值，对于缺失数据并未进行估算和预测，最终构建了非平衡面板数据，这在较大程度上限制了可供选择的计量模型[1]，而本书也选择了较为保守的非平衡面板个体效应模型。在未来的研究中，如果能得到更完整和真实的数据，或是对计量方法本身做出改进，相信会产生更丰富的研究成果。

---

[1] 例如空间计量和面板门限值回归等方法要求数据高度平衡(不存在缺失)。

（4）对不同类型城市进行更深入的研究。

本书研究显示，城市层级客观存在，并且不同类型的城市在经济发展模式以及经济发展、金融集聚、科技创新三者关系方面存在较为明显的差异。由于研究内容和篇幅所限，本书仅基于实证结果对不同类型城市的发展模式进行推测，其具体成因和内在机制有待进一步研究。

参考文献

[1] 冯涛，吴茂光，张美莎. 金融发展、产业结构与城乡收入差距——基于金融“脱实向虚”视角的分析[J]. 经济问题探索，2020（10）：170-181.

[2] 郭文伟，王文启. 粤港澳大湾区金融集聚对科技创新的空间溢出效应及行业异质性[J]. 广东财经大学学报，2018（2）：12-21.

[3] 黄嵩. 金融与经济增长——来自中国的解释[M]. 北京：中国发展出版社，2007.

[4] 贾高清. 金融发展对实体经济的影响——基于社会融资规模的视角[J]. 工业技术经济，2020，39（1）：77-86.

[5] 黎杰生，胡颖. 金融集聚对技术创新的影响——来自中国省级层面的证据[J]. 金融论坛，2017（7）：41-54.

[6] 李胜旗，邓细林. 政府干预、金融集聚与地区技术进步[J]. 贵州财经大学学报，2016（6）：17-25.

[7] 李宪印，王凤芹，杨博旭，张瑶. 2022. 人力资本、政府科技投入与区域创新[J]. 中国软科学，（11）：181-192.

[8] 李一飞，王开泳. 改革开放以来我国建制市的分类演进过程与规律分析[J]. 经济地理，2019（11）：49-59.

[9] 李永刚，管玥. 地方官员竞争的政治锦标赛模型及其优化[J]. 江苏行政学院学报，2011（2）：74-79.

[10] 刘春济，高静，赵红军. 地方增长目标，区域技术创新与中央政府发展导向调整[J]. 财经论丛，2022（2）：3-14.

[11] 刘剑雄. 中国的政治锦标赛竞争研究[J]. 公共管理学报，2008（3）：24-29.
[12] 刘君德. 长江三角洲地区空间经济的制度性矛盾与整合研究——中国“行政区经济”的案例分析[J]. 杭州师范学院学报，2000，22（1）：15-19.
[13] 刘鹏. 中国金融发展的质量与数量：谁更能促进研发与经济发展?[J]. 西南交通大学学报（社会科学版），2022（6）：121-133.
[14] 刘伟. 我国应对金融危机的宏观经济政策演变及特点[J]. 中共中央党校学报，2015（2）：5-14.
[15] 鲁晓东. 金融资源错配阻碍了中国的经济增长吗[J]. 金融研究，2008（4）：55-68.
[16] 庞晓波，赵玉龙. 我国金融发展与经济增长的弱相关性及其启示[J]. 数量经济技术经济研究，2003（9）：47-51.
[17] 田志龙，陈丽玲，顾佳林. 我国政府创新政策的内涵与作用机制：基于政策文本的内容分析[J]. 中国软科学，2019（2）：11-22.
[18] 曲昳. 金融集聚，技术创新与高技术产业升级[J]. 科技管理研究，2022（2）：111-118.
[19] 沈沁，游士兵. 集聚效应、内生增长与创新型城市建设[J]. 江汉论坛，2017（4）：23-28.
[20] 孙建国，高岩. 金融集聚对技术进步的影响机制研究——基于城市与空港经济区比较视角[J]. 经济经纬. 2019（5）：17-24.
[21] 王琼. 地方政府促进科技金融发展政策问题研究[J]. 吉林金融研究，2016（7）：43-48.
[22] 王志强，孙刚. 中国金融发展规模、结构、效率与经济增长关系的经验分析[J]. 管理世界，2003（7）：20-27.
[23] 吴金群，廖超超. 我国城市行政区划改革中的尺度重组与地域重构——基于1978年以来的数据[J]. 江苏社会科学，2019（5）：90-106.
[24] 吴非，杜金岷，李华民. 财政科技投入、地方政府行为与区域创新异质性[J]. 财政研究，2017（11）：60-74.
[25] 咸金坤，汪伟，兰袁. 人口老龄化加剧经济“脱实向虚”了吗？——来自中国上市企业的微观证据[J]. 投资研究，2022（7）：20-45.
[26] 许梦楠，胡善成，周新苗. 金融集聚促进了创新效率吗——基于门槛模型的实证分析[J]. 金融学季刊，2019（3）：163-177.

[27] 张杰. 中国金融结构性改革的逻辑起点与实施路径[J]. 探索与争鸣，2019（7）：125-135.

[28] 赵晓斌，王坦，张晋熹. 信息流和“不对称信息”是金融与服务中心发展的决定因素：中国案例[J]. 经济地理，2002（4）：408-414.

[29] 朱平芳，徐大丰. 中国城市人力资本的估算[J]. 经济研究，2007（9）：85-96.

[30] 庄旭东，王仁曾. 金融科技、企业金融投资动机与“脱实向虚”问题——基于中国企业微观数据的实证证据[J]. 南方经济，2023（2）：90-109.

[31] ACEMOGLU D，AGHION P，ZILIBOTTI F. Distance to frontier，selection，and economic growth[J]. Journal of the European Economic Association，2006，4（1）：37-74.

[32] ADUSEI M. Financial development and economic growth：evidence from Ghana[J]. International journal of business and finance research，2013，7（5）：61-76.

[33] AGNES P. The ‘end of geography’ in financial services? Local embeddedness and territorialization in the interest rate swaps industry[J]. Economic geography，2000，76（4）：347-366.

[34] ALMAZAN A, DE MOTTA A, TITMAN S, UYSAL V. Financial structure, acquisition opportunities, and firm locations[J]. Journal of finance, 2010, 65(2): 529-563.

[35] AL-ZUBI K M, AL-RJOUB S A M, ABU-MHAREB E. Financial development and economic growth: a new empirical evidence from the MENA countries, 1989-2001[J]. Applied econometrics and international development, 2006, 6(3): 137-150.

[36] ANGRIST J D, PISCHKE J S. Mostly harmless econometrics[M]. Princeton: Princeton University Press, 2009.

[37] ARMSTRONG H. Trends and disparities in regional GDP per capita in the European Union, United States and Australia[R]. Brussels: European Commission, Report 94/00/74/017, 1995.

[38] ARROW K J. The economic implication of learning by doing[J]. Review of economic studies, 1962, 29(3): 155-173.

[39] AUERBACH F. Das gesetz der bevolkerungskoncentration[J]. Petermanns geographische mitteilungen, 1913, 59(1): 74-76.

[40] BALTAGI B H. Econometric analysis of panel data[M]. 3rd ed. Chichester: John Wiley & Sons, 2005.

[41] BARTOLONI E. Capital structure and innovation: causality and determinants[J]. Empirica, 2013, 40(1): 111-151.

[42] BATTY M. Hierarchy in cities and city systems[M]//Pumain D. Hierarchy in Natural and Social Sciences. Berlin: Springer, 2006: 143-168.

[43] BECKER G S. Investment in human capital: a theoretical analysis[J]. Journal of political economy, 1962, 70(5): 9-49.

[44] BEIM D, CALOMIRIS C W. Emerging financial markets[M]. New York: McGraw Hill, 2001.

[45] BENCIVENGA V R, SMITH B D. Some consequences of credit rationing in an endogenous growth model[J]. Journal of economic dynamics and control, 1993, 17(1-2): 97-122.

[46] BENCZUR P, KARAGIANNIS S, KVEDARAS V. Finance and economic growth: financing structure and non-linear impact[J]. Journal of macroeconomics, 2019, 62(Dec): 1-28.

[47] BERLIANT M, REED R, WANG P. Knowledge exchange, matching, and agglomeration[J]. Journal of urban economics, 2006, 60(1): 69-95.

[48] BERRY B J L. Cities as systems within systems of cities[J]. Papers of the regional science association, 1964, 13(1): 147-163.

[49] BERRY B J L. Geography of market centres and retail distribution[M]. Englewood Cliffs, NJ: Prentice-Hall, 1967.

[50] BERTHELEMY J C, VAROUDAKIS A. Economic growth, convergence clubs, and the role of financial development[J]. Oxford economic papers, 1996, 48(2): 300-328.

[51] BILLINGS S B, JOHNSON E B. The location quotient as an estimator of industrial concentration[J]. Regional science and urban economics, 2012, 42(4): 642-647.

[52] BOYD J H, PRESCOTT E C. Financial intermediary-coalitions[J]. Journal of economics theory, 1986, 38(2): 211-232.

[53] BOYD J, SMITH B. Capital market imperfections, international credit markets, and nonconvergence[J]. Journal of economic theory, 1997, 73(2): 335-364.

[54] CARAYANNIS E G, CAMPBELL D F J. ‘Mode 3' and ‘Quadruple Helix': toward a 21st century fractal innovation ecosystem[J]. International journal of technology management, 2009, 46(3/4): 201-234.

[55] CARLINO G A, KERR W R. Agglomeration and innovation[Z]. Cambridge, MA: NBER working paper No. 20367, 2014.

[56] CHAMPERNOWNE D. A model of income distribution[J]. Economic journal, 1953, 63(250): 318-351.

[57] CHANG H, SONG F M. R&D investment and capital structure[Z]. Hong Kong: University of Hong Kong, working paper, 2014.

[58] CHEUNG K Y, LIN P. Spillover effects of FDI on innovation in China: evidence from the provincial data[J]. China economic review, 2004(1): 25-44.

[59] CHRISTENSEN L R, CUMMINGS D, JORGENSON D. Economic growth, 1947-73: an international comparison[J]// National Bureau of Economic Research, Inc. New developments in productivity measurement and analysis. NBER chapters, 1980: 595-698.

[60] CLAUSET A, SHALIZI C R, NEWMAN M E. Power-law distributions in empirical data[J]. SIAM review, 2009, 51(4): 661-703.

[61] CLEMENS M A, RADELET S, BHAVNANI R R, BAZZI S. Counting chickens when they hatch: timing and the effects of aid on growth[J]. Economic journal, 2012, 43(2): 590-617.

[62] DE GREGORIO J, GUIDOTTI P E. Financial development and economic growth[J]. World development, 1995, 23(3): 433-448.

[63] DE LONG J B. Did J. P. Morgan's men add value? An economist's perspective on finance capitalism[M]// Temin P. Inside the business enterprise: historical perspectives on the use of information. Chicago: University of Chicago Press, 1991: 205-249.

[64] DOMAR E. Capital expansion, rate of growth, and employment[J]. Econometrica, 1946, 14(2): 137-147.

[65] EATON J, ECKSTEIN Z. Cities and growth: theory and evidence from France and Japan[J]. Regional science and urban economics, 1997, 27(4-5): 443-474.

[66] EHLERS T. Understanding the challenges for infrastructure finance[Z]. Hong Kong: BIS working papers No. 454, 2014.

[67] ELIAS V J. Sources of growth: a study of seven Latin American economies[M]. San Francisco: Institute for Contemporary Studies, 1992.

[68] ENRIGHT M J. Regional clusters and firm strategy[M]// Chandler Jr AD, Sölvell Ö, Hagström P. The dynamic firm: the role of technology, strategy, organization, and regions. Oxford: Oxford University Press, 1998: 315-342.

[69] FLORIDA R, ADLER P, MELLANDER C. The city as innovation machine[J]. Regional studies, 2017, 51(1): 86-96.

[70] GABAIX X. Zipf's law for cities: an explanation[J]. Quarterly journal of economics, 1999, 114(3): 739-767.

[71] GABAIX X. Power laws in economics: an introduction[J]. Journal of economic perspectives, 2016, 30(1): 185-206.

[72] GALOR O. The demographic transition: causes and consequences[J]. Cliometrica, 2012(1): 1-28.

[73] GAWER A, CUSUMANO M A. Industry platforms and ecosystem innovation[J]. Journal of product innovation management, 2014(3): 417-433.

[74] GERSBACH H, ROCHET J C. Capital regulation and credit fluctuations[J]. Journal of monetary economics, 2017, 90(Oct): 113-124.

[75] GIBRAT R. Les inegalites economiques[M]. Paris: Sirey, 1931.

[76] GIULIANO P, RUIZ-ARRANZ M. Remittances, financial development, and growth[J]. Journal of development economics, 2009(1): 144-152.

[77] GLAESER E L. Are cities dying[J]. Journal of economic perspectives, 1998(2): 139-160.

[78] GLAESER E L. Learning in cities[J]. Journal of urban economics, 1999(2): 254-277.

[79] GLAESER E L, RESSEGER M G. The complementarity between cities and skills[J]. Journal of regional science, 2010(1): 221-244.

[80] GOLDSMITH R W. Financial structure and development[M]. New Haven: Yale University Press, 1969.

[81] GOTTMAN J. Megalopolis, or the urbanization of the northeastern seaboard[J]. Economic geography, 1957, 33(3): 189-200.

[82] GOUPY J. What kind of experimental design for finding and checking robustness of analytical methods?[J]. Analytica chimica acta, 2005, 544(1-2): 184-190.

[83] GREENWOOD J, JOVANOVIC B. Financial development, growth, and the distribution of income[J]. Journal of political economy, 1990, 98(5): 1076-1107.

[84] GREENWOOD J, SMITH B. Financial markets in development, and the development of financial markets[J]. Journal of economic dynamics and control, 1996, 21(1): 145-181.

[85] GROTE M H. Financial centers between centralization and virtualization[M]// Zazzaro A, Fratianni M, Alessandrini P. The changing geography of banking and finance. Boston, MA: Springer, 2009: 277-294.

[86] GROSSMAN S J, STIGLITZ J. On the impossibility of informationally efficient markets[J]. American economic review, 1980, 70(3): 393-408.

[87] GROSSMAN S J, HART O D. The costs and benefits of ownership: a theory of vertical and lateral integration[J]. Journal of political economy, 1986(4): 691-719.

[88] GUERIN-PACE F. Rank-size distribution and the process of urban growth[J]. Urban studies, 1995(3): 551-562.

[89] GURLEY J G, SHAW E S. Financial aspects of economic development[J]. American economic review, 1955(4): 515-538.

[90] GURLEY J G, SHAW E S. Financial intermediaries and the saving - investment process[J]. Journal of finance, 1956(2): 257-276.

[91] HAIG R M. Towards an understanding of the metropolis[J]. Quarterly journal of economics, 1926, 40(3): 402-434.

[92] HAGUE C, KIRK K. Polycentricity scoping study[M]. London: Office of the Deputy Prime Minister, 2003.

[93] HANSEN L P. Large sample properties of generalized method of moments estimators[J]. Econometrica, 1982, 50(4): 1029-1054.

[94] HARROD R F. 1939. Essay in dynamic theory[J]. Economic journal, 49(193): 14-33.

[95] HOLMSTROM B. Managerial incentive problems - a dynamic perspective[Z]. Helsinki: Swedish School of Economics, 1982.

[96] HOLMSTROM B. Agency costs and innovation[J]. Journal of economic behavior & organization, 1989(3): 305-327.

[97] HOOVER E M, VERNON R. Anatomy of a metropolis: the changing distribution

of people and jobs within the New York metropolitan region[M]. Cambridge: Harvard University press, 1959.

[98] HORVATH M. Imitating Silicon Valley: regional comparisons of innovation activity based on venture capital flows[M]// Bresnahan T, Gambardella A. Building high-tech clusters: Silicon Valley and beyond. Cambridge: Cambridge University Press, 2001: 280-330.

[99] HSU P, TIAN X, XU Y. Financial development and innovation: cross-country evidence[J]. Journal of financial economics, 2014(1): 116-135.

[100] JACOBS J. The economy of cities[M]. New York: Vintage, 1969.

[101] JENSEN M, MECKLING W R. Theory of the firm, managerial behavior, agency costs and ownership structure[J]. Journal of financial economics, 1976, 3(4): 305-360.

[102] JOHNSON B, LORENZ E, LUNDVALL B. Why all this fuss about codified and tacit knowledge?[J]. Industrial & corporate change, 2002(2): 245-262.

[103] KAMINSKY G, SCHMUKLER S L. Short-run pain, long-run gain: financial liberalization and stock market cycles[J]. Review of finance, 2007(2): 253-292.

[104] KINDLEBERGER C P. The formation of financial centers: a study in comparative economic history[M]. Princeton: Princeton University Press, 1974.

[105] KING R G, LEVINE R. Finance and growth: Schumpeter might be right[J]. Quarterly journal of economics, 1993, 108(3): 717-737.

[106] KNIGHT F K. Risk, uncertainty, and profit[M]. Cambridge: Houghton Mifflin, 1921.

[107] KOLYMPIRIS C, KALAITZANDONAKES N, MILLER D. Spatial collocation and venture capital in the us biotechnology industry[J]. Research policy, 2011, 40(9): 1188-1199.

[108] KNOX P, MCCARTHY L. Urbanization[M]. Upper Saddle River, NJ: Prentice Hall, 2005.

[109] KRUGMAN P R. Geography and trade[M]. Cambridge, MA: MIT press, 1991.

[110] LEVINE R. Finance and growth: theory and evidence[Z]. Cambridge, MA: NBER working paper No. 10766, 2004.

[111] LIANG K, ZEGER S L. Longitudinal data analysis using generalized linear models[J]. Biometrika, 1986, 73(1): 13-22.

[112] LIN J Y. New structural economics: a framework for rethinking development and policy[M]. Washington D C: World Bank, 2012.

[113] LING D C, WANG C, ZHOU T. The geography of real property information and investment: firm location, asset location, and institutional ownership[J]. Real estate economics, 2019, 49(1): 287-331.

[114] LU X, WHITE H. Robustness checks and robustness tests in applied economics[J]. Journal of econometrics, 2014, 178(1): 194-206.

[115] LUCAS R E. Econometric policy evaluation: a critique[J]. Carnegie-Rochester conference series on public policy, 1976, 1(1): 19-46.

[116] LUCAS R E. On the mechanics of economic development[J]. Journal of monetary economics, 1988, 22(1): 3-42.

[117] MADSEN J B. Economic growth, TFP convergence and the world export of ideas: a century of evidence[J]. Scandinavian journal of economics, 2008, 110(1): 145-167.

[118] MARKUSEN A. Sticky places in slippery space: a typology of industrial districts[J]. Economic geography, 1996, 72(3): 293-313.

[119] MARSHALL A. Principles of economics[M]. London: Macmillan, 1919.

[120] MARTIN R. Stateless monies, global financial integration and national economic autonomy: the end of geography?[M]// Corbridge S, Thrift N, Martin R. Money, power and space. Oxford: Blackwell, 1994: 152-176.

[121] MARTIN R, SUNLEY P. Deconstructing clusters chaotic concept or policy panacea?[J]. Journal of economic geography, 2003, 3(1): 5-35.

[122] MCKINNON R I. Money and capital in economic development[M]. Washington D C: the Brookings Institution, 1973.

[123] MERTON R C. The financial system and economic performance[J]. Journal of financial services research, 1990, 4(4): 5-42.

[124] MEIJERS E. Polycentric urban regions and the quest for synergy: is a network of cities more than the sum of the parts?[J]. Urban studies, 2005, 42(4): 765-781.

[125] MEIJERS E J, BURGER M J, HOOGERBRUGGE M M. Borrowing size in networks of cities: city size, network connectivity and metropolitan functions in Europe[J]. Papers in regional science, 2016, 95(1): 181-198.

[126] MERTON R C, BODIE Z. A conceptual framework for analyzing the financial environment [M]// Crane D B et al. The global financial system: a functional approach. Boston, MA: Harvard Business School Press, 1995: 3-31.

[127] MUSHTAQ R, GULL A A, USMAN M. 2022. ICT adoption, innovation, and SMEs' access to finance[J]. Telecommunications policy, 2022, 46(3): 102275. 1-102275. 17.

[128] MODIGLIANI F, MILLER M H. Corporate income taxes and the cost of capital a correction[J]. American economic review, 1963, 53(3): 433-443.

[129] MOLYNEUX P, SHAMROUKH N. Diffusion of financial innovations: the case of junk bonds and note issuance facilities[J]. Journal of money, credit, and banking, 1996, 28(3): 502-522.

[130] MYERS S C, MAJLUF N S. Corporate financing and investment decisions when firms have information that investors do not have[J]. Journal of financial economics, 1984, 13(2): 187-221.

[131] O'BRIEN R. Global financial integration: the end of geography[M]. New York: Council on foreign relationship press, 1992.

[132] OBSTFELD M. Risk-taking, global diversification, and growth[J]. American economic review, 1994, 84(5): 1310-1329.

[133] O'SULLIVAN A. Urban economics 8th ed[M]. Irwin: McGraw-Hill, 2011.

[134] PACKALEN M, BHATTACHARYA J. Cities and ideas[Z]. Cambridge, MA: NBER working paper No. 20921, 2015.

[135] PAGANO M, PICA G. Finance and employment[J]. Economic policy, 2012, 27(6): 5-55.

[136] PANDIT N R, COOK G A S, SWANN G M P. The dynamics of industrial clustering in British financial services[J]. The service industries journal, 2001, 21(4): 33-61.

[137] PARK Y S, ESSAYYAD M. International banking and financial centers[M]. Dordrecht: Kluwer Academic Publishers, 1989.

[138] PATRICK H. Financial development and economic growth in underdeveloped countries[J]. Economic development and cultural change, 1966, 14(2): 174-189.

[139] PERROUX F. Economic space: theory and applications[J]. Quarterly journal of economics, 1950, 64(1): 89-104.

[140] PHILLIPS P C, MOON H R. Nonstationary panel data analysis: an overview of some recent developments[J]. Econometric reviews, 2000, 19(3): 263-286.

[141] PORTEOUS D J. The geography of finance: spatial dimensions of intermediary behaviour[M]. Avebury: Aldershot, 1995.

[142] PORTER M E. The competitive advantage of nations[M]. London: Macmillan, 1990.

[143] PORTER M. Clusters and the new economics of competition[J]. Harvard business review, 1998, 76(6): 77-90.

[144] POWELL E T. The evolution of the money market 1385-1915: an historical and analytical study of the rise and development of finance as a centralised, co-ordinated force[M]. London: Routledge, 1915.

[145] RAJAN R G, ZINGALES L. Financial systems, industrial structure, and growth[J]. Oxford review of economic policy, 2001, 17(4): 467-482.

[146] REBELO S. Long run policy analysis and long run growth[J]. Journal of political economy, 1991, 99(3): 500-521.

[147] ROBERTS J, ANDERSEN B, HULL R. Knowledge and innovation in the new service economy[J]. International journal of service industry management, 2002, 13(5): 512-514.

[148] ROBINSON J. The rate of interest and other essays[M]. London: Macmillan, 1952.

[149] ROMER P M. Increasing returns and long-run growth[J]. Journal of political economy, 1986, 94(5): 1002-1037.

[150] ROMER P M. Endogenous technological change[J]. Journal of political economy, 1990, 98(5): 71-102.

[151] ROSEN K T, RESNICK M. The size distribution of cities: an examination of the pareto law and primacy[J]. Journal of urban economics, 1980, 8(2): 165-186.

[152] ROSENTHAL S S, STRANGE W C. Evidence on the nature and sources of agglomeration economies[J]. Handbook of regional and urban economics, 2004, 4: 2119-2171.

[153] ROSSIHANSBERG E, WRIGHT M L J. Urban structure and growth[J]. The review of economic studies, 2007, 74(2): 597-624.

[154] ROSTOW W W. The stages of economic growth[M]. Cambridge: Cambridge University Press, 1971.

[155] ROUSSEAU P L, WACHTEL P. What is happening to the impact of financial deepening on economic growth[J]. Economic inquiry, 2011, 49(1): 276-288.

[156] SALA-I-MARTIN X. Regional cohesion: evidence and theories of regional growth and convergence[J]. European economic review, 1996, 40(6): 1325-1352.

[157] SANTOMERO A M, TRESTER J J. Financial innovation and bank risk taking[J]. Journal of economic behavior and organization, 1998, 35(1): 25-37.

[158] SCHERER F M. Innovation and growth[M]. Cambridge MA: MIT Press, 1986.

[159] SCHERER F M, HARHOFF D. Technology policy for a world of skew-distributed outcomes[J]. Research policy, 2000, 29(4-5): 559-566.

[160] SCHULTZ T W. Investment in human capital[J]. American economic review, 1961, 51(1): 1-17.

[161] SCHUMPETER J A. The theory of economic development[M]. Cambridge MA: Harvard University Press, 1934.

[162] SEN A. Commodities and capabilities[M]. Amsterdam: North-Holland, 1985.

[163] SHAW E. 1973. Financial deepening in economic development[M]. New York: Oxford University Press.

[164] SHELL K. Toward a theory of inventive activity and capital accumulation article [J]. American economic review, 1966, 56(1/2): 62-68.

[165] SIMON H. On a class of skew distribution functions[J]. Biometrika, 1955, 44(3-4): 425-440.

[166] SINANI E, MEYER K E. Spillovers of technology transfer from FDI: the case of Estonia[J]. Journal of comparative economics, 2004, 32(3): 445-466.

[167] SIRRI E R, TUFANO P. The economics of pooling[M]// Crane D B et al. The global financial system: a functional approach. Boston, MA: Harvard Business School Press, 1995: 81-128.

[168] SOLOW R M. A contribution to the theory of economic growth[J]. quarterly journal of economics, 1956, 70(1): 65-94.

[169] STIGLITZ J, WEISS A. Incentive effects of terminations: applications to credit and labor markets[J]. American economic review, 1983, 73(5): 912-927.

[170] SVALERYD H, VLACHOS J. Financial markets, the pattern of industrial specialization and comparative advantage: evidence from OECD countries[J]. European economic review, 2005, 49(1): 113-144.

[171] THIEL M. Finance and economic growth - a review of theory and the available evidence[Z]// European Commission. European Economy - Economic Papers 2008-2015, No. 158, 2001.

[172] TIEBOUT C M. A pure theory of local expenditures[J]. Journal of political economy, 1956, 64(5): 416-424.

[173] TOLLEY G S. The welfare economics of city bigness[J]. Journal of urban economics, 1974, 1(3): 324-345.

[174] TRESCH R W. Public finance: a normative theory[M]. Plano, Texas: Business Publications, 1981.

[175] TSCHOEGL A E. International banking centers, geography, and foreign banks[J]. Financial markets, institutions and instruments, 2000, 9(1): 1-32.

[176] TSIOTAS D. City-size or rank-size distribution? An empirical analysis on Greek urban populations[J]. Theoretical and empirical researches in urban management, 2016, 11(4): 5-16.

[177] TSIOTAS D, POLYZOS S, ANASTASIOU A. 2014. Rank-size distribution of Greek cities: a regional analysis[Z]. 9th MIBES International Conference, London, UK, May 30-June 01, 2014.

[178] VERGARA R. Taxation and private investment: evidence for Chile[J]. Applied economics, 2010, 42(6): 717-725.

[179] WANG J, BLOMSTRÖM M. Foreign investment and technology transfer: a simple model[J]. European economic review, 1992, 36(1): 137-155.

[180] WATANABE H. Essays on the size distribution of cities[D]. St. Louis: Washington University, 2015.

[181] WIRTH L. Urbanism as a way of life[J]. The American journal of sociology, 1938, 44(1): 1-24.

[182] WOOLDRIDGE J M. Econometric analysis of cross section and panel data[M]. Cambridge MA: MIT Press, 2002.

[183] ZHUANG H. The effect of foreign direct investment on human capital development in east Asia[J]. Journal of the Asia Pacific economy, 2017, 22(2):

195-211.

[184] ZIPF G K. The psycho-biology of language[M]. Boston: Houghton-Mifflin, 1935.

[185] ZIPF G K. National unity and disunity: the nation as a bio-social organism[M]. Bloomington Indiana: Principia Press, 1941.

[186] ZOOK M, GROTE M. The microgeographics of global finance: high-frequency trading and the construction of information inequality[J]. Environment and planning A: economy and space, 2016, 49(1): 121-140.